U0507106

高校社科文库
University Social Science Series

教育部高等学校
社会科学发展研究中心

汇集高校哲学社会科学优秀原创学术成果
搭建高校哲学社会科学学术著作出版平台
探索高校哲学社会科学专著出版的新模式
扩大高校哲学社会科学科研成果的影响力

异中求通——中国当代
译学术语的动态形成

王一多／著

Seeking Understanding From Differences:
The Dynamic Formation of Chinese
Contemporary Translation Terminology

光明日报出版社

图书在版编目（CIP）数据

异中求通：中国当代译学术语的动态形成 / 王一多著.
--北京：光明日报出版社，2013.7（2024.6 重印）
（高校社科文库）
ISBN 978－7－5112－4985－2

Ⅰ.①异… Ⅱ.①王… Ⅲ.①翻译学—术语—研究—
中国 Ⅳ.①H059

中国版本图书馆 CIP 数据核字（2013）第 153946 号

异中求通：中国当代译学术语的动态形成
YIZHONG QIUTONG：ZHONGGUO DANGDAI YIXUE SHUYU DE DONGTAI
XINGCHENG

著　　者：王一多
责任编辑：祝　菲　李艳芳　　　　责任校对：傅泉泽
封面设计：小宝工作室　　　　　　责任印制：曹　净
出版发行：光明日报出版社
地　　址：北京市西城区永安路 106 号，100050
电　　话：010-63169890（咨询），010-63131930（邮购）
传　　真：010-63131930
网　　址：http://book.gmw.cn
E － mail：gmrbcbs@gmw.cn
法律顾问：北京市兰台律师事务所龚柳方律师
印　　刷：三河市华东印刷有限公司
装　　订：三河市华东印刷有限公司
本书如有破损、缺页、装订错误，请与本社联系调换，电话：010-63131930
开　　本：165mm×230mm
字　　数：172 千字　　　　　　　印　　张：10.5
版　　次：2013 年 7 月第 1 版　　　印　　次：2024 年 6 月第 2 次印刷
书　　号：ISBN 978－7－5112－4985－2－01
定　　价：48.00 元

CONTENTS 目 录

异中求通

第一章

引　言

1.1　研究的背景和意义及研究目的

　　译学术语的翻译、译学术语范畴、术语系统方面的研究已经得到译界学者的关注，但译学术语在语言方面的问题目前还没有引起充分的重视。比如，译学关键词的演变在哪些方面取决于最初提法或规范提法的不同译法？外来术语在多大程度上有所选择或有所变化或完全错误地进入到目的语术语系统？新的译学术语系统是如何产生的？译学术语系统是如何形成的？译学术语系统的系统性应如何实现？这些问题不仅涉及到翻译、概念和术语系统方面，更主要的是还与中国当代译学和术语本身在语言方面的种种问题相关，并且直接影响翻译学的学科发展。如果没有对这些问题的探讨和研究，那么译学术语仍然是处于概念不清、概念混淆、概念混用的状况，从而造成译学研究难以在既有的研究上发展和创新。

　　翻译学作为一门学科，是从 James Holmes 的《翻译学的名与实》一文发表后开始建立的。它的丰富度和包容力吸引了很多学科对此表示出兴趣，翻译学者也博取各家所长，向各个相关学科借鉴最新研究成果。例如，翻译研究与哲学、文学、语言学、文化研究、人类学、社会学等各个领域之间的相互渗透、相互影响，成为有史以来最大的一股潮流。这样一来，体现翻译学发展的译学术语呈现出前所未有的多样性和复杂性。选用和使用什么样的译学术语会影响我们对翻译研究的看法，反观之，从译学术语的使用情况也可以看出译学的发展走向，其精确形态可以反映出这门学科的整体发展方式。中国当代译学的术语组成和形态呈现出的这种复杂性，一方面是由译学自身的特点决定的，另一方面则是由中国当代译学自身的特点决定的。

译学术语作为一门学科术语具备下面几个特点：译学术语的数目十分庞大，因为既有很多土生土长的术语，也有很多从多个学科借用来的术语；译学术语更新速度很快，因为新的研究模式和新的研究方法的引入；译学术语的内部关系复杂，因为译学术语的系统性和历史性之间的矛盾；外来术语的意义难以形成共识，在不同语言中指同一概念的术语意义未必相同，更不用说翻译过来的术语了，因为术语不仅是表达概念的用语，而且其身上承载着不同范式和不同文化等多重问题。这些特点增加了研究的难度和复杂性。

中国当代译学的术语特点表现为中国本土的传统译学与西方译学的相互交融、相互借鉴、相互对照。中国当代译学除了从西方引入各种译学理论和术语外，传统译学术语也在不断积极进行现代转化，还有大量的新创译学术语不断涌出。正是在这种传统译学的现代转化中，中西译学、各学科互为参照、互为借鉴的过程中产生了一些令人困扰的术语问题，其中有翻译问题、误读问题以及术语文化层次方面的问题等等。如果这些问题未能厘清，则不仅关系着术语的使用和学术风气问题，也关系着学科发展和建设问题，以及中国译学话语建构的问题。

本研究把中国当代译学术语按照分析需要分为三个部分：中国传统译学术语、西方译学术语和新创译学术语。通过总结和分析目前对译学术语所做的研究，针对存在的问题，结合术语学的最新发展趋势——多元术语学的理论，进行术语研究，包括概念转换问题、文化传播中的译学术语翻译和使用问题、术语的形成问题、术语的理解问题等等。本研究为这些问题提供新的思路和方法，并对编写术语词典有一定的指导意义，同时译学术语研究方法——从概念到术语的探讨可以打破译学术语研究单一的现状，对学科建设也会产生重要的指导作用。

本研究的研究目的：①考察中国当代译学术语的特点及其组成部分，全面展示中国当代译学术语的现状；②阐述中国当代译学术语的形成过程及存在的问题；③分析形成过程中的现象和问题，提出术语的研究方法，进而有助于中国当代译学话语的建构；④通过术语研究，探索特定文化的成员具有什么样的概念范畴，了解特定文化的内在结构，为理解和翻译术语提供一定的背景知识和文化传统参照；⑤通过探讨中国当代译学术语的问题，为其他学科术语的研究提供一个参照。

1.2 术语研究中的几个核心概念

术语研究离不开术语学中的一些核心概念，并且所有的研究需要在这些概念的基础上进行，对这些核心概念的理解和界定直接影响着研究的有效性。这些概念之间既有联系，也有区别，即它们之间既有重合的部分，但又不完全相同，所以这几个概念在使用过程中时常产生混淆和使用不统一的问题。为了使得研究时使用的概念统一、明确，本文首先把下面这些核心概念加以区分、进行厘清，以确定研究对象和范围。本研究采用的是 ISO 所给出的定义，如下：

术语学中使用的核心术语和概念（ISO 1087）

［1］客体：可感知或者想象世界的任何对象。（object：*Any part of the perceivable or conceivable world.* ）

［2］概念：根据很多物体具有的共同特点提取出来的思想单位。（concept：*A unit of thought constituted through abstraction on the basis of properties common to a set of objects.* ）

［3］定义：描述概念，并区别于概念系统其他概念的陈述。（definition：*Statement which describes a concept and permits its differentiation from other concepts within a system of concepts.* ）

［4］指称化：对概念的表示。（designation：*Any representation of a concept.* ）

［5］符号：用字母、数字、象形图或者其中几种的组合对概念的指称。（symbol：*Designation of a concept by letters, numerals, pictograms or any combination thereof.* ）

［6］术语：用语言表达式对一门语言里的一个既定概念的指称。（term：*Designation of a defined concept in a special language by a linguistic expression.* ）

［7］名称：用语言表达式对客体的指称。（name：*Designation of an object by a linguistic expression.* ）

除了以上这些概念之外，范畴、概念和术语是本研究非常重要的三个关键概念，对这三个概念的认识直接影响和决定着本研究的研究范围和对象。从上面列出的 ISO 对概念和术语的各自定义，我们可以了解到术语是用语言表达式来称谓概念的，概念是根据很多物体具有的共同特点提取出来的思想单位，也就是说，术语与概念之间关系密切。

那么范畴与概念之间又是什么关系呢？范畴是概括和反映（全部）事物普遍的规定性思维单位，最普遍、最一般。简单来说，范畴涉及到的是本体论方面的问题，而概念涉及到的是认识论方面的问题。三者之间存在着交叉的关系，下面详细介绍一下这三个概念以及三者之间的联系和区别。

1.2.1 范畴

从来源看，概念和范畴都是翻译过来的名词，也就是说，它们是从西方引进的术语和概念。中国古代也有"范畴"这个词，但它是由两个词组成的，并不是连在一起使用的。汉语"范畴"一词出自《尚书·洪范》，原指归类范物，是箕子回答武王治国安民的道理、次序问题时，提出的"洪范九筹"。"它的特点是规范人的行为和用观物体道的方法认识宇宙。不愿意对事物进行抽象的认识和结构分析，不接受逻辑与知性的批判，其实践性与伦理化特点突出"（杨自俭，2004）。而西方的范畴来自苏格拉底和柏拉图对普遍性概念的考察。之后的亚里士多德提出了十大范畴，建立了一个范畴系统（system of categories），包含 substance（实体）、quality（质量）、quantity（数量）、relation（关系）、action（行动）、passion（感情）、place（空间）、time（时间）等范畴。近代以来，康德和黑格尔推动了范畴研究的进一步发展。西方范畴是一种逻辑形式，是一种对本体论的追寻，是对存在（being）的研究和划分，在理论上具有普遍性，是思维对客观事物的普遍本质的概括和反映。中国古代缺乏像亚里士多德《范畴篇》那样系统的论述，但中国古代哲学确实有一套自己的范畴。也就是说中国虽然没有使用范畴这样一个术语，但却有这样的研究和论述。目前已有学者对中国的哲学范畴进行归纳和总结，比如张岱年（1989）的《中国古典哲学概念范畴要论》。

对于"范畴"这个概念来说，尽管在中国古代对其有着不同的理解，但目前普遍是以西方对范畴的理解和认识为衡量标准的。一般而言，"范畴是反映各事物最一般规定性的概念，是思维对客观事物的最一般亦即本质属性和关系的概括和反映，本体论层面上，范畴指本体之属性；知识论层面上，范畴指知识之特性；方法论层面上，范畴是藉以进行理论思维的工具；语言层面上，范畴指表述本体论思想或知识论思想的言辞"（成中英，1991：121）。范畴是一个学科本体论方面的内容，笔者认为其虽然是学科基础，但比较宏观，对于术语研究在语言方面出现的问题来说，术语更能体现出问题的所在，而且从上文对中西范畴的研究特点和逻辑上的不同来看，把更加具体的术语作为研究对象能更好地为范畴研究做好基础工作，更好地进行术语的继承和延续。

1.2.2 概念

中国古代没有"概念"这个词，但"达名①"、"类名②"即是概念。概念是从思维角度来讲的，名是从语言角度来讲的。现在所讲的概念也是从西方借用过来的。"概念是反映对象本质属性并用语词表达的思维形式"（谢林平，1998：12）。概念是抽象的、普遍的想法和观念，或充当指明实体、事件或关系的范畴或类的实体。科学认识的发展都是科学的概念系统不断发展和转换的过程，其最为显性的表达手段就是术语结构。概念系统的每一次改变必然会反映在术语结构的形式或内容层面。换句话说，"人类的知识主要通过概念和概念间的关系体现出来，而概念在语言中要借助于术语来表达"（吴哲，2009）。术语虽然是本研究的研究对象，但对术语的研究是离不开概念这一核心的，下面详细介绍一下概念的很多特点（Antia，1999：82）：

1. 通常来说概念是独立于语言之外的，用词语来描述一个概念可能由于语言的不同而不同，或者因为一种语言有很多可能性而不同，它们源于经验和教育，而不是自身的存在。

2. 概念是现实的精神或逻辑再现。从这个意义上来说，所有的概念都是抽象的，并且只存在于头脑中，但是它们为人类的大脑提供了分类的方法和理解。

3. 概念有几个特点，现实的大脑印象根据特点进行划分，使得其他物体或者概念的分类相同、相似或者不同。

4. 概念由一个知识体内（至少在某个点上）议定的特点组成，例如在一个具体的领域内，所有的专家应该对同一物体有相似的大脑印象，这样他

---

① 犹言大概念。事物大类的名称。章炳麟《原儒》："冒之达名，道、墨、名、法、阴阳、小说、诗赋、经方、本草、蓍龟、形法，此皆术士，何遽不言儒？局之类名，蹴踘弋道近射，历谱近数，调律近乐，犹虎门之儒所事也。今独以传经为儒，以私名则异，以达名、类名则偏，要之题号由古今异。"

② 正规命名系中分类群的名称。

们对所研究的对象才能形成相同的意见，否则不能形成。举一个例子，一个专家在谈论"水果"，而另一个在谈论"红色"，虽然二者谈论的是相同现实。

5. 概念与其他概念是相关的。没有单独存在的头脑印象，一定与其他概念有某种关系。

6. 概念可以不靠符号（语言的或非语言的）而存在，但为了交际的目的却需要符号的存在。

从上面的描述中，我们可以看到概念与符号、语言、现实以及其他概念之间的联系，用词语来描述一个概念可能由于语言的不同而不同，概念可以不靠符号而存在，但为了交际的目的却需要符号语言的存在，这些都表明尽管称谓概念的语言外壳由于各种原因不断发生着变化，但内在的逻辑则需要保持一致，所以概念在术语研究中占据着核心的地位，本研究也是以这样的视角，从概念入手对术语进行考察。

1.2.3　术语

"通过语音或文字来表达或限定专业概念的约定性符号，叫做术语。术语可以是词，也可以是词组"（冯志伟，1997：1）。俄罗斯术语学家通常认为，从来源看，术语是自然语言的词汇单位——词或词组；从功能来看，术语称谓、表示概念，而且是某些知识或活动领域理论中的概念。尽管术语本身就是自然语言的词汇单位，但术语与词汇有很大的不同。"词语是随意泛指的统称概念，既可以指语言内部也可指外部的现实世界。术语则是有意指称在某个学科领域内的特定概念，术语的研究一般要与其所属的概念系统相关，在这个概念系统中，术语起着一种知识库的作用"（梁爱林，2003）。

术语是由三个要素组成的：语词（符号）、概念和定义。在这三个要素中，概念占核心地位，语词或者符号正越来越受到重视。而从术语的产生和发展来看，我们知道术语的主要语义范围取决于定义，因此术语必须有定义，有定义是术语具备的一个属性。无论使用术语的篇章为何种类型，术语，尤其是新术语，必须与定义一同出现，否则无法明确术语的真正含义。无论定义的类型如何，是内涵定义还是外延定义，其用途都是不断地明确术语的语义范围。当用一个术语命名另一个所指（客体、概念）时，该术语中就产生了新义，出现了用一个词汇单位命名多个概念的现象（吴丽坤，2007）。

术语的定义和意义这两个概念经常会混为一谈，因为使用者容易把术语当做是普通名词，从而把词语的意义当作是术语的定义。实际上，从术语本身的特点来说，术语的定义和词语的意义是需要分开的。这从术语学和词汇学所研究的对象就可以看得出来，"术语学是把概念当做起点，这样的行为是想把概念之间的界限清晰地分开。术语学中，概念的领域是独立于称名的领域。这解释了为什么术语学家谈论概念，而大多数语言学家谈论的是意义。对于术语学家来说，称名的单位由词语（word）组成，通过意义，称谓概念。然而对于大多数当代的语言学家来说，词语是由两个不可分离的单位组成：词形和意义"（Wuster，1974：67）。

理想的情况是：术语的意义和词汇的意义是相符的，也就是说，顾名思义性和透明性，但在使用的过程中通常会出现很多不尽相符的情况，术语的定义和词语意义有时并不一致，甚至是关系不大，或者相反的情况。比如，abusive fidelity（滥译）的意思是"强势的、有力的翻译，它重视尝试使用新的语言表达，对语言习惯进行改变，用符合译文自身特征的文字去对应原文的多重或多元表达手段"。但在这个术语中，abusive 的词义是"滥用的"，从而让人难以产生与实际意义相符合的联想。

总的来说，范畴、概念和术语三者之间的不同就在于：范畴是本体论层面上的，而概念是抽象化的，术语则是具体化的。本研究选择术语作为研究对象，具体来说是译学术语。译学术语属于人文社科术语，这一学科术语与自然学科的术语多有不同。自然学科特定专业领域中一般概念的词语指称，如技术名词、科学术语、科技术语或技术术语有其自身的特点，通常具有单义性，而对于社科术语来说，特别是人文社会科学的概念中，它们表达的是以人的内心活动、精神世界以及作为人的精神世界的客观表达的文化传统及其辩证关系，表达的是精神与意义的世界，所以这些术语所承载的就复杂得多，也容易造成歧义。

任何一个学科的术语系统在形成的过程中除了有本语言的术语产生外，也有外来的术语进入。为了表达来源于其他语言中的某些概念，可以把其他语言中的概念以及表达相应概念的术语都借用过来。而外来术语，作为异文化的使者，进入到新的语言后自身会发生很多变化，并且也会引发一系列的变化。这就引发了各种各样的术语问题，这些都成为本研究关注的主要内容。

1.3　中国当代译学术语的表现形态和组成部分

一门独立的学科必须有一整套术语来描述其研究对象、目的、方法、规律、定理的基本概念，也就是说，术语是某一特定学科区别于其他学科的重要标志之一。术语的科学化、系统化、规范化水平往往代表一门学科的发展水平。翻译学的术语建设对于这门学科来说是当务之急，因为翻译学还是一门新兴学科，其学科特点——交叉学科使得研究翻译的角度十分丰富而多样化，其中既有翻译研究本学科的术语，也有很多描述不同学科的术语被翻译研究完全或部分地搬了过来，既有很多本土的术语，也有很多从西方引进的术语，因而术语的使用、理解和翻译出现比较杂乱的情形。中国当代译学术语除了拥有本学科自身的特点，还由于中国译学的历史和发展而形成了自己的特点。

中国当代译学术语表现出来的形态和特点也同样没有仅仅体现为中国传统译学术语其自身的特点，因为引入的西方译学术语在中国当代译学术语中也占据着很大比重。显而易见，中国传统译学术语和西方译学术语存在着明显的差异，在学术传统、范畴形态、诠释观以及言说方式方面中国传统译学术语和西方译学术语都有各自不同的特点，通过对二者的特点进行区分可以对中国当代译学术语各组成部分有更明确的了解和认识。

首先，就西方哲学的发展过程与中国哲学的发展过程来说，中国哲学基本上是以儒家、道家、佛学思想为主要脉络，各个流派有一以贯之的延续性；西方哲学则是以希腊罗马神话、圣经和柏拉图学说为主要基础。起点的不同使得西方文化的问题框架和中国文化的问题框架变得大不一样。"中国文化和育其生成的中国哲学与西方哲学的发展过程表现出了不同的特点和所关注的不同的主题"（钱穆，1994：234～235）。即是说，中国和西方从其拥有的艺术、政治和宗教、科学和道德的感悟方式，以及历史中表现出来的那种历史编撰学意识等方面看，两者在性质上截然不同。不同的文化以及不同的哲学传统造就了学术传统的不同，西方多重视对理性的把握，采用科学的、分析的方法来演绎，而中国则更加强调顿悟和体悟方式的研究。

其次，在古典诠释观方面，我们知道，中国古代学者对经典的作品有"述而不作"的传统，后者都是对前者的解释和注疏，在原有的概念里加入自己的理解，在这个过程中发展自己的理论。孔子开创的这一传统对日后中国经典诠释产生了重要影响。在一定意义上，"述而不作"成为了中国经典诠释的基本形式特征。换言之，孔子之后，通过"传先王（贤）之旧"而进行传述和创作成为中国经典诠释的基本形态。这一点在作为中国传统学术之正统的儒家经学中得到了鲜明的表现。就文体而言，构成经学的著述可分为"经"和"传"两类。"经"指原创性的经典，而"传"则指诠释经文的著述，比如《易经》和《易传》、《春秋》和《五羊传》，中国经典诠释的这一特征和西方文化的诠释传统形成了鲜明对比。如果说中国经典诠释更为注重"述"，西方诠释传统则更为注重"作"。

再次，在范畴的特点方面，就中西范畴的历史传承和逻辑而言，它们呈现出不同的特点，"以同一时期或不同对象、不同学派的比较来看，中国哲学显示高程度的概念一般性与名言共通性。这种概念一般性与名言共通性并非指不同学派有一致的思想与观念，而是指他们运用同一概念（概念不同于观念）及名言，也承认这些概念与名言的共同意义。但却在这些一般概念与共通的名言上建立不同的哲学命题，也因之赋予这些概念与名言以不同的哲学观念内涵"（成中英，1985：42）。西方的范畴则很难看到长时期的直接递承，虽然其起点是相同的，并且其历史传统是有迹可循的，但个人玄思的发挥却并非少数，其个人创出的很多范畴和术语相当引人注目，很多哲学家都自创了很多新的术语，有些新的术语逐渐成为经典，成为其概念体系的主要组成部分，比如说德里达自创的"延异"、"痕迹"、"播撒"等等，哈贝马斯的"交往理性"等等。如果从逻辑上的不同来看，根据杨自俭（2004），中国的范畴依从"亦此亦彼"的辩证逻辑，西方范畴则依从"非此即彼"的形式逻辑；中国的范畴重综合、重功能，其内涵多元游移；西方的范畴依据同一律重分析、重结构，其内涵相对明确稳定。

最后，就言说方式来说，中国传统译学术语具有修辞性言说的特点。钱钟书（1979：11~12）在《管锥篇》中引用宋陈骙《文则》之言："《易》之有象，以尽其意；《诗》之有比，以达其情。文之作也，可无喻乎？"并说："理赜义玄，说理陈义者取譬于近，假象于实，以为研几探微之津逮，释氏所谓权宜方便也。古今说理，比比皆然。甚或张皇幽渺，云义理之博大创辟者每生于新喻妙譬，至以譬喻为致知之具、穷理之阶"。由此可见，中国古代学者认为修辞是高效的言语行为，智慧的言说方式，非常重视言说得是否有力，比如严复提出的"信达雅"三字诀、傅雷提出的"神似"、钱钟书提出的"化境"等等理论，都蕴含着强烈的修辞色彩。而西方译学术语则以尽量精确为其主要特点，避开模糊范畴，形式更加具体，内涵更加确定。

根据《翻译研究关键词》，西方译学术语可以由三部分组成：一、翻译研究本体的术语；二、翻译与其他学科结合，从其他学科引入的术语；三、从其他语言翻译过来的术语。西方译学术语的组成直接可以反映出西方译学的发展脉络，根据斯坦纳（2001：248~249）的划分，西方译学发展分为四个阶段：第一个阶段从西塞罗和贺拉斯到荷尔德林，这个时期主要是源于作者的一些只言片语，主要的特点就是实证；第二个阶段是对理论和阐释学的一种探寻，这一阶段带有哲学—诗学特点；第三个阶段把语言学理论、统计学以及信息理论运用到翻译中；第四个阶段则更加丰富和多样化，包括文化研究、社会学以及人类学等等。从这一脉络来看，西方译学术语的产生和发展没有断裂的现象，是从经验到理论，从哲学—诗学到其他学科的扩展，那是一种遵循既有传统的发展和延续。

而中国译学术语则掺杂着复杂的情况，中国的学术话语由于受到西学的冲击而经历了一系列的演变。首先，从话语地位来看，贺爱军（2008）在《翻译话语的演变与重铸》一文中，认为我国翻译理论话语经历了"中心话语—边缘话语—重铸话语"三个阶段。他所做的总结是从中国话语所处的位置来看；其次，从学术话语的构成来看，白话文运动之前使用的是古代汉语，之后中国的话语体系面临着复杂的构成，有白话部分、古代汉语部分，也有外来语部分。"20世纪话语形态变迁的总体趋势，是以现代口语为基础，把古代语言中尚具活力的成分，以及外国语言经过转译的词语融合进来，组成一种动态的、开放性的复合语言体系"（杨义，2005）。直至今日，译学术语仍然在进行着这样的尝试和努力。

从中国翻译史和西方翻译史的发展过程来看，中西译学发展的起始阶段都是一样的，都是从翻译实践中总结出来点点滴滴，也就是从语文学阶段开始，关注的是翻译标准、翻译技巧等本体论方面的问题，但在其后的发展过程中，中西方由于受到各自学术传统和文化传统的影响，从而呈现出不同的发展方向和形态。中国当代译学术语现如今在语言方面存在着传统术语的今释、西方译学术语的翻译以及新创译学术语的词语构成选择等等问题。

本研究为了更好地探讨这些问题，将中国译学术语分为三个部分：一、中国传统译学术语；二、引入的西方译学术语；三、新创译学术语，即当代学者自创的术语。第一部分是中国传统译学术语。中国传统译学术语部分与中国传统文论有着密切的关系，具体来说可以细分为两部分，一部分是指西方的译学话语还未引入中国之前，中国翻译学者还是保持着自己的学术传统和言语方式；另外一部分是中国学者已经受到了西方译学术语的冲击，也就是西学东渐的全球性对话和旧学更新的现代性嬗变的双重维度中，中国学者对自己的学术话语进行重新编码及现代话语的创造和转型，比如严复的"信达雅"、钱钟书的"化境"、傅雷的"神似"。民国以及五四时期的学者所受到的冲击最大，他们最先对这个问题进行思考，但这些人对此思考之后创立的学术话语并未呈现异域特色，而是仍然与中国的文化密切相关，并且自此在中国学术界生根发芽。在这些人中，他们都不是未出国门顽固保守的知识分子，严复、钱钟书、傅雷都是曾经留学并且对西方学术传统知之甚深，他们的原创话语已经经过了西学的洗礼，但仍具有浓郁的本土特点。

第二部分就是外来译学术语，即引入的译学术语。需要注意的是西方译学术语经过引入后并非是简单地从一个地方来到另一个地方，而是会出现面貌迥异的情况：有时与其本来面目完全一致，因为这些术语经过翻译之后其称谓的概念有些与西方译学术语表示的概念基本一致；有时与西方译学术语表示的概念不一致；有时则遭到了误解和篡改。这一问题带有一定的哲学意味，用一种文化的语言来译解另一种文化的问题和含意极具挑战性。发生的一些曲解缘于没有充分注意到形成中西文化环境的基本假定（assumptions）。所以说，用自己的概念来理解对方的概念是一件困难的事，反过来也是如此。正是由于这样的问题，在引入之后术语所称谓的概念会相应发生什么样的变化，以及为什么发生变化是本研究的主要内容。

第三部分是新创译学术语。这部分译学术语主要指的是当代学者自创的一些术语，这些术语有的沿用中国传统的言说方式，有的采用西学的言说方式，从而出现了复合的话语构成。这些术语虽然还未经过历史沉淀而成为经典，但这些新创术语对学科建设和中国译学话语的地位都起着重要作用，所以值得给予更多的关注，这也是本研究将其单独列出的重要原因。"因为原创话语是历史文化语境与学者个性创造相结合的凝结物，是在多重的历史文化对话中被相对稳定地留下来的创造性知识质点，是一种富有深刻的文化内涵和思想启迪功能的精神结晶体。也就是说，原创话语是学术价值的本质存在，具有思想学术领域的本体论价值，其中最特殊者甚至可以用做时代关键词，来梳理人类或民族的精神脉络"（杨义，2005）。

进行这种划分是为了研究的需要，其中有时会有重合的现象，因为同样一个术语可能在中国传统译学术语和西方译学术语中都出现过。比如，"归化"和"异化"这两个术语在传统译学术语和西方译学术语中都是存在的，尽管二者之间的具体所指并不完全相同，但本文归为西方译学术语部分，正是由于 Venuti 的翻译理论引入之后在中国引起巨大的反响和争论，与此同时，才有与中国传统译学术语的比较。而这样的一些术语正是本研究着重关注和需要解决的问题，即我们怎样看待这些术语，如何理解这些术语。

下面简要介绍一下各部分术语在术语辞典中的收录情况：

《中国译学大辞典》（方梦之，2011）中共收录 1900 余条词条，译学术语部分以翻译本体和从相关学科吸纳的翻译术语为主，涉及翻译一般概念、传统译论、现代译论、翻译标准等等诸多方面，其中传统译论部分共收录了 45 个一级术语，3 个二级术语，8 个三级术语；现代译论部分收录了 28 个一级术语，63 个二级术语，28 个三级术语；中国当代学者自创的很多术语也得以收录，比如吕俊提出的"建构主义翻译学"、许钧的"翻译层次"、赵彦春的"翻译归结论"、胡庚申提出的"生态翻译学"。总体来说，是中外古今并蓄，源流支脉兼容。虽然是把传统译论和现代译论作为一个分类单列出来，但其他分类中也有部分传统译学术语和当代学者自创的术语。

《翻译研究关键词》（Delisle & Monique，1999）中，这套术语覆盖了 4 种语言的翻译教学中编者认定为最实用的大约 200 个主要概念。编者对二战以来，即口、笔译各主要学派整个发展过程中所出版的 88 本教学手册进行了调查。结果在 15 本手册里统计到至少 1419 个术语，涉及到 838 个概念。这些术语的数目之多，表明翻译教学的术语仍处于形成阶段，译学本身仍然在寻找用以自我定义的词语。

《翻译研究词典》（Shuttleworth & Cowie，1997）中，共收录了 419 个术语，关注的主要是近三四十年的成果。同时也收录了一些非英语的术语，这些大都是来自法语国家和德语国家中重要学者所采用的术语。从其收录情况来看，这些术语都是西方译学术语，并未收录中国传统译学术语，所以仅可以反映西方译学术语的概貌。

就目前来说，从这几本术语辞典的收录情况可以看到这三部分术语各自所占的比重，西方译学术语占据中国当代译学术语系统的大半江山，中国传统译学术语仍然保有着自己的地位，而中国当代学者自创的术语已渐渐成为中国译学术语系统的重要组成部分。最新出版的《中国译学大辞典》对中国当代学者自创的术语进行了大量的吸收录入，虽未必得到全面收录，但已属创举。一方面由于时间的关系还未得以沉淀，而难以看出其具有的历史价值，另一个方面由于是当代学者，而难以进行全面衡量。

1.4　当代译学术语研究现状

翻译学已经具有了独立的学科地位，其理论范式、学科范畴、术语系统都得到了快速发展和完善。其中术语研究直接关系着学科建设，这一问题已引起了译界学者很多关注，相关的术语辞典陆续出版，各位编撰者和翻译人员在序言中或者另外撰文发表了自己对术语问题的关注。方梦之先生在 2002 年发表了《术语建设与译学发展》一文。杨自俭（2004）先生在为《译学辞典》作序时就从学科建设和发展的角度，指出加强译学术语研究势在必行，并列出了几项术语研究工作：（1）从理论上搞清楚范畴、概念、术语三者的区别与关系；（2）按译学发展的不同时期梳理出译学的术语（这儿用术语暂时代表范畴、概念与术语）；（3）给各个不同历史时期的术语分类；（4）研究术语的外延与内涵及术语之间的关系；（5）划分术语的层次与等级，寻找并构建术语的系统；（6）中外关键术语发展史比较研究；（7）改造并创建新的译学术语。陈善伟先生（范敏，2009）在一次访谈中指出"随着翻译研究的发展，许多译学术语已经得到规范化，但是由于某些原因，目前译学术语仍然存在许多问题，诸如同一译学术语的不同译名或不同概念等问题，因此翻译学科的术语建设是当务之急"。从上述这些学者的论述中，我们可以看到，术语研究在很多基础研究上仍然缺失，比如术语与范畴、概念之间的区别，更别提结合术语学发展进行相关研究了。

1.4.1　综述

1.4.1.1 术语辞典

目前为止已经出版的译学辞典包括：

国内出版的（按时间顺序排列）

1. 林煌天.《中国翻译词典》. 湖北教育出版社，1977. （综合性翻译研究辞典）

2. 陈善伟.《英汉—汉英翻译学词汇》. 香港中文大学出版社，1993. （词汇集）

3. 陈善伟和David Pollard. *An Encyclopedia of Chinese – English English – Chinese Translation*. 香港中文大学出版社，1995. （综合性翻译研究辞典）

4. 孙迎春.《译学大词典》. 中国世界语出版社，1999. （综合性翻译研究辞典）

5. 孙迎春.《汉英双向翻译学语林》. 山东大学出版社，2001. （词汇集）

6. 方梦之.《译学辞典》. 上海外语教育出版社，2004. （术语辞典）

7. 方梦之.《中国译学大辞典》. 上海外语教育出版社，2011. （术语辞典兼综合性翻译研究辞典）

国外出版的（按时间顺序排列）

1. Shuttleworth，Mark & Cowie，Moira. *Dictionary of Translaiton Studies*. St Jerome Publishing，1997；谭载喜主译《翻译研究词典》. 北京：外语教学与研究出版社，2005. （术语辞典）

2. Jean Delisle，Hannelore Lee – Jahnke & Monique C. Cormier. *Translation Terminology*. John Benjamines Publishing Corporation，1999；孙艺风等编译《翻译研究关键词》. 北京：外语教学与研究出版社，2004. （术语辞典）

3. Mona Baker. *Routledge Encyclopedia of Translation Studies*. Routledge，2004. （综合性翻译研究辞典）

4. Martha P. Y. Cheung. *An anthology of Chinese Discourse on Translation*. St Jerome Publishing，2006. （综合性翻译研究辞典）

下面简要介绍一下三本术语辞典的编写原则和宗旨：

1. 方梦之的《译学辞典》汇集译论的各种流派和观点，点明国内外前辈译家和当代译家的翻译方法和技巧，勾勒出中西翻译史的粗线条，罗列翻译学科的要点及其相关学科，在编写过程中，坚持中外古今并蓄、源流支脉兼容、研究和编译结合。

2. Shuttleworth、Mark & Cowie、Moira 的《Dictionary of Translaiton Studies》（《翻译研究词典》）编写原则是：一般说来，所有术语都是按照它们

最初使用的语境来编写和定义的。主要词条的解释一般还包括人们对它们的不同观点，以及该术语最初被提出或采用以来人们对其用法的各种评论。

3. Jean Delisle, Hannelore Lee – Jahnke & Monique C. Cormier 的《Translation Terminology》（《翻译研究关键词》）对翻译教学中的常有术语进行精选，并加以定义，以期对翻译教学做出实际的贡献，乃此书的宗旨。此书阐释翻译学术语时所遵循的方法是一种系统的方法，它认为对术语进行分析是阐明研究领域中概念的一种手段。

以上三本术语辞典都有各自的宗旨和用途，通过查阅术语辞典，我们可以了解术语的定义和教学中的意义等方面，却不能了解这个术语是如何来的，以及在什么样的语境下产生了这样的理论术语，并且这些与它们背后文化传统有什么样的关系。也就是说，我们只是看到了它呈现出来的现象，而对孕育其生成的土壤却少有关注。三本术语辞典的编辑理念不同，呈现出不同的样貌。笔者认为译学术语辞典的编撰目的不仅是罗列各个术语条目，更重要的是通过对术语的理解，获得清晰的概念，并对某个概念进行深入研究和探讨。为了达成这个目的，辞典中应不乏对术语相关因素的描写。术语的描写性和规范性并不是矛盾的，在进行规范性之前都需要对术语进行厘定，对术语进行多维度的描写，不断整合更新资源，为译学术语的发展提供坚实的理论基础。唐普尔（M. Temple）（转引自章宜华，2001）从词典与语言学的关系出发，把当今词典分为三种类型：传统理解型词典、理论提示型词典和理论研究型词典。这三种类型的词典是按照更新换代的形式出现的，目前的词典类型应为理论研究型词典，即是为读者展现的是多方位、多维度的词语释义，那么理论研究型术语辞典就应朝着这个方向发展，为术语的概念提供更多的研究空间。

1.4.1.2 问题研究

这类研究主要探讨目前的译学术语研究存在什么样的问题，以及为什么存在这样的问题，对具体现象进行分析并提出解决办法。这些问题主要包括：术语混乱问题，译学术语译名的问题，译学术语规范和标准化的问题等。方梦之先生（2002）指出翻译术语存在的问题：（1）历史遗留，分歧犹存；（2）外来术语，译法不同；（3）同一术语，不同概念；（4）乱设新名，和者寥寥。栗长江（2003）指出译学术语称谓混乱、以及对译学术语内涵和外延的界定不同是造成译学长期纷争的一个重要因素，并提倡对译学术语进行规范。其他如王永秋（2001）谈论几个口译术语翻译不统一问题，王金波（2003）谈论外国翻译理论家的姓名翻译问题，张沉香（2006）则探讨影响术语翻译的因素及对其进行的分析。在这些研究中，主要依据传统术语研究对术语意义的看法去探讨译学术语问题，提倡加强术语使用的规范性。传统术语研究方法遵循的传统意义观是把术语的意义当作一个可以把握的对象、一个终极的对象，术语的意义是在概念系统中得以确定的等等。但随着翻译研究和术语研究的深入和多元化，很多原来被忽视的问题呈现出来，比如术语编撰者通常发现术语的意义是模糊的，术语的意义在不同的语境中是不同的，这些问题都成了学术界亟待解决的问题。

由翻译造成的译名问题是得到最多关注的问题，术语的翻译问题从西学东渐开始就困扰着众多的学者，也引起过学术界多次争论。明末入华耶稣会士利玛窦与中国士人合作，创译了一批术语，确立了意译，音译并举、意译为主的范式，而在意译时又尽力借用汉语古典旧词；晚清时期大量引入西方学术著作，从严复的名句"一名之立，旬月踟蹰"，到五四时期译名的论争。由此可以看出译名问题由来已久，可以说是历史遗留问题。目前发表的文章，并未挖掘深层次的原因。大多学者希望通过术语的规范和标准化解决这个问题。而实际上译名不统一问题的解决，如果不深入分析其背后的原因，则只能解决表面问题。Boothman（2007：103）在探讨不同范式下葛兰西翻译克罗齐的概念时，发现"翻译不是寻求词语与观念的对等，而是思想与哲学观念的谈判。翻译不仅是重新命名，而且是重新审视、解读、批判，在另一语言文化或知识传统中重组和定位。个体译者将外来术语翻译书写在纸上，但这个词语符号在新的社会和意识形态语境中必须由众多的成员将它完全翻译出来。有些概念具有无法调和和不可通约性。"

1.4.1.3 历时研究

历时研究主要是通过对译学关键术语进行历史地、动态地考察，为译学的某个主题找到其发展脉络，阐明其中多个因子所起的作用。也就是说，历时研究既可以发现术语随着历史语境的变化所经历的一系列变迁，也可以从中摸索出一条主线。此外，"关于有些概念的认识存在着歧义，甚至巨大的认知差异，有鉴于此，我们应该关注学术语的起源和后来的意义变迁"（孙艺风，2004：6）。一个术语的产生都有其特定的历史、文化和社会语境，脱离了当时的语境只能是隔空取物，比如"信达雅"当时的语境和严复当时的所指与后来者对其的解释都已大相径庭，也正如 Venuti（1995：37）所说，"准确（accuracy）的标准在文化上是具体的，在历史上是变化的"一样。

历时研究方法既可以包括对具体术语的追踪溯源，如王东风（2008）探讨译学关键词"abusive fidelity"的来龙去脉；也可以包括对术语的历史回顾，如沈苏儒（1998）从"信达雅"的提出到其后续的发展勾勒出中国译学的发展变化和轨迹，并进而找出"信达雅"生命力之所在，以及刘期家（2000）的《论"信达雅"的历史发展轨迹》。虽然克罗齐说："所有的历史都是当代史"，而且其中的变化因素也很多，比如文化、社会、意识形态等等，但从当代视角去做剖析不仅可以呈现部分史实，也可以挖掘其中的来龙去脉，发现各种操控因素和权力话语。其中需要注意的是如何进行历时研究，如何能在人们过去认为"简单"的地方发现复杂，在发现"同一"的地方找到差异。

1.4.1.4 文化层次方面的研究

探讨译学术语文化层次方面的研究是最近的关注动向，之前对译学术语的研究主要从传统术语研究的角度切入，更加强调其科学性的一面，希望通过研究找出其中的规律性，或者提出很多需要遵循的原则，并进而对术语进行规范和统一。而术语学研究的新趋势和新发展表明，术语学研究开始关注认知、社会以及文化方面的因素，也就是决定术语意义等的变化因素。而在中西译学术语交流的时候确实需要重视社会和文化因素，因为这里面不仅有翻译的问题，还有翻译的政治问题，以及概念旅行的问题，翻译策略问题等等。周有光（1992）曾经指出"术语和文化如影之随形，须臾不离。不同的文化要用不同的术语来说明。吸收外来文化，同时必须吸收外来术语"。外来译学术语和中国译学术语的输出在文化交流中都是必不可少的。国内也有学者对此开始关注，如魏向清（2008）以摹因理论探讨了学术术语旅行时所经历的一系列变化，周有光（1992）、张佩瑶（2007）也对此进行了探讨。刘亚猛（2004）在谈到中西学术翻译时，指出学术文化决定学术作品的意义，并使一切学术性表达和解读成为可能。在进行中西学术翻译时如果忽略"西方学术"这个整体框架，就容易造成译者无视作品的智力大前提和意识形态底蕴，从某些有关西方学术话语的想当然认定出发确定自己的解读和翻译策略等严重后果。中国术语翻译期盼着一个"文化转换"。从中我们可以看出术语的意义是脱离不开其所在的学术文化的，对学术文化的了解又离不开对术语的研究，这两者是相互依存的。也就是说，我们通过学术术语了解学术文化，同时也依靠学术文化来理解学术术语。

1.4.2 译学术语研究

1.4.2.1 传统译学术语研究

对中国传统译学术语的研究一直是中国翻译学者所致力的一个主要方向，他们希望通过整理、挖掘中国传统译论，发现其中的主线，为当代译学理论提供新的土壤，并能形成自己的理论体系。这方面的研究主要从下面三个方面着手：第一是对其进行现代阐释；第二是对其重新阐释；第三是对其系统进行研究。

（一）现代阐释

对传统术语的现代阐释主要是用西方的翻译理论框架，用现代的科学语言来分析中国传统的译学术语，使用这种方法的目的是对中国传统译学术语进行现代转化并获得新的生机。王宏印（2003）认为中国传统译论的现代阐释包括三个层次的任务：（1）问题的清理；（2）意义的阐释；（3）形态的转换。也就是对传统译论所涉及的若干重大理论问题认真地进行理论梳理，从中发现若干有重大理论价值的论述，从现代翻译理论的高度进行具有现代精神的理论阐述，最终让传统译论转化成现代翻译理论的构成部分。杨自俭（2004）提出了在传统译论的现代转化工作中几个要紧的问题：（1）关于哲学范畴问题；（2）关于译学元范畴问题；（3）关于阐释与考据相结合的问题。在石永浩等（2007）一文中提出现代阐释是一个渐进的过程，大体包括发掘—整合—还原—阐发四大环节。王洪涛（2005）、李林波（2006）、苏艳（2008）等人也撰写了相关文章。

在传统译论的现代阐释和现代转化问题中，一方面我们可以看到这里所用的工具是西方的翻译理论框架，而语料是中国的传统译学术语，用西方的概念、逻辑和论说方式对中国传统译学术语做出条分缕析的分析。另一方面我们可以通过现代西方话语系统来演说中国传统话语系统，不同的话语系统采用不同的方法论、不同的哲学基础、不同的文化传统、不同的概念和范畴，这里面所包含的内容要远远超过所设想的复杂和多变。

（二）重新阐释

重新阐释的原因纷繁复杂，可以是历史语境的改变、研究视角的更新，也可以是阐释者的个人发现。翻译研究越来越从其他学科中汲取营养，丰富自己的研究深度和广度。而重新阐释无疑为以中国哲学和美学为基础的中国传统译学术语提供了更加明细和多样化的阐释，重新阐释包括对其解释力的重新评估，在新的语境下的适用性，以新的史料、新的认识所产生的新的理解，以及澄清以前的误读，用新的理论视角来阐释等等。比如许建平（1997）、李文革（2003）、胡志国（2006）、陈大亮（2006）、杨全红（2008）对"化境"重新解释。比如汪静（2003）、周领顺（2006）、王宏志（2007）等对"信达雅"重新解释。

重新阐释使得术语从新的语境，或者新的理论视野、新的研究方法入手而被重新认识，丰富了以前所做的研究，是研究得以深入的重要一步。传统译学术语内容丰富，所以阐释的角度和方法也很多。重新阐释如果方法得当可以使得传统译学术语纳入现代译学理论体系，获得新生和活力。

（三）术语系统

一般认为系统性是术语最重要的属性之一，术语的意义在概念系统中得以确定，术语系统是术语和概念范畴化后最终形成的。"术语系统是准确称谓、表示人类某一知识、活动领域理论中的概念的术语的总和"（吴丽坤，2005）。术语系统是中国传统译学研究一直致力研究的方向，只有建立了传统译学术语系统，才能把握理论发展的结构和脉络，并得以继续发展。也只有建立了传统译学术语系统，术语才能在这个系统中得以存在。中国传统术语在这一点上是欠缺的，因为传统译论是以中国哲学、美学为基础的点评、顿悟式研究，以散论、偏论形式出现，所以如何认识、整理这些术语，确定哪些术语属于同一范畴，各类范畴能否形成一个系统，该系统的特点和不足是什么，这方面的研究显得尤为重要。到目前为止，国内一些学者已经做了尝试，王宏印在其专著《中国传统译论经典诠释》中已经做了重要的整理工作，张思洁在其专著《中国传统译论范畴及其体系》中也进行了分析和论述，而赵巍、薄振杰（2008）则在《关于传统译学术语系统》一文中做了尝试，指出在已经完成的整理工作中出现了不一致的划分。

本研究并不试图在这方面做出论述，但本研究探讨的术语研究方法问题无疑将为译学范畴和术语系统的建立提供坚实的方法论基础。

1.4.2.2 西方译学术语研究

西方译学引入中国后所带来的影响是巨大的，由于西方译学主要是以语言学、文学和哲学方法论为基础，在引入过程中经历了一系列的调整，从最初的介绍、评介到进行反思批判经历了漫长的过程。在这个过程中有时会出现削足适履的现象，其间也出现了同化、误读和改造西方译学术语，甚至还出现了误读论者的误读现象等等，这些在中国译界都产生了不小的波澜。在中西两种语境中应用的不同之处应该是我们需要着重关注的问题，比如韦努蒂的"异化"和后殖民翻译理论进入中国时就容易让人忽视其特有的理论背景以及文化政治内涵，而认同中国语境的"归化"和"异化"。对西方译学术语引入中国后的情况做出评论的有屠国元、肖锦银（2000）、康宁（2006）。个案分析方面的研究有以奈达翻译理论为例的吕晨（2004）和以解构主义为例的李龙泉（2007）。

（一）误读

西方译学术语引入中国后，由于各方面的原因，出现了误读和误用现象。如韩子满（2005）指出，对一些西方译论有误解，未能展示西方译论的原貌；误用西方译论的术语，声称自己所用的概念来自西方译论，但提供的外语原文却与西方译论的术语不符。而奈达翻译理论中对关键词的理解更是一波三折，先有人提出误读（李心田，2004），继而又遭到质疑（邵璐2006，2007）。韦努蒂的翻译理论进入中国之后也产生了大量的争论和误读，如贺显斌（2006）、曹明伦（2005）等；探讨解构主义翻译理论误读的有刘骥翔（2009）；探讨后殖民翻译理论误读的有王静、范祥涛（2008）。

产生误读的原因是复杂的、多方面的。尹衍桐（2005）认为是中国的语境因素决定了对"异化"术语的误读。陈明瑶（2008）则从认知角度对此做了探讨。邵璐（2007）则指出，误读可以分为三个原因：一是文化原因；二是接受原因；三是个人原因。这其中除了个人原因是无意误读之外，文化原因和接受原因都是有意误读，这种有意误读是在阐释过程中的一种不自觉的行为。本研究将在后面的章节中从阐释学的角度探讨这一问题，探讨文本的开放性和无限性，以及解释的冲突。

（二）中国语境下的运用（选择性应用）

当西方译学术语进入中国后，对此所做的研究通常分为以下几种情况：对理论进行阐释和评介（不可否认这是阐释者所做的解释）；与中国翻译理论进行比较，从中找出是否有相同或类似的术语或概念，并分析不同之处；从中国翻译史上寻找可以论证这一理论的具体翻译现象；对理论进行反思和批判等等。林克难（2001，2004）曾指出对新出理论中重要理论的翻译，人们往往用传统的观点去理解（或者说曲解）国外译论中的术语，用中国传统的翻译观去套译国外翻译理论研究中新出现的一些术语。根据陈宏薇（2001）的研究可知，奈达的翻译理论引入之后经历了四个阶段，掀起了支持、争论、反驳的阵阵浪潮，而其自身的理论在这一过程中也发生了很大变化。虽然现在国内西方译学理论在引进的过程中加入了很多的反思和批判，但两者所做的研究还是有所区别的，胡翠娥、杨卉在《试论中西语境下的"翻译的政治"研究探讨》（2009）一文中指出，国内的研究多结合本国的翻译事实展开论述，主要把翻译的政治当作一个描述性命题，着重分析历史上的翻译事实，而对它作为一种批判工具和批评实践则少有注意，对现在和将来缺乏反思。

引入过程中，我们发现中西两种不同的语境会导致对同一概念的理解和应用有些不同之处。一个概念产生之后在不同的接受者群体中所产生的反应是不同的。关键是如何对待旅行过来的这一概念或者术语，方法论问题将决定其应用情况和发展情况。不管是对其吸收还是批判地吸收，这一切都要建立在对其充分理解的基础上，而不是误读的基础上，另外就是要看其是否是创造性地运用和拓展。

1.4.2.3 新创译学术语研究

随着译学研究的发展和深入，中国学者正积极努力地形成自己的学说。在新创的术语中，有回归传统，挖掘创新，比如"时中"、"和而不同"、"不隔"、"和谐说"等等；也有面向西方，结合实际，比如变译论（黄忠廉，2002）、建构主义翻译学（吕俊，2005）、适应选择（胡庚申，2008）等等。这些新创术语在中国译学发展史上都写下了浓重的一笔，同时也正成为翻译批评的对象，并有学者尝试将其应用到翻译实践。创建一个新的理论必然相应地会出现一些新的术语和概念。这些理论能否历久弥新和术语的定名也有很大关系。新创术语体现出一种学术创新精神，并不一定要新颖奇特，但必须是清晰明了，能准确表述其理论。在选用术语的时候需要依据术语学的命名规则，梁爱林（2003）指出国外翻译界对术语的研究非常重视，论著丰富，而且许多高校的翻译教学中都设有术语学研究的课程。术语从专有名称概念界定的角度着手，即先分辨确定一个概念，然后予以定义，最后才决定命名。

1.4.3 现有研究的不足

我们从上面的综述中发现，目前的术语研究还存在以下不足。

1.4.3.1 无法窥其全貌

目前国内对西方译学术语的研究情况，以及中国译学术语在国外的研究情况都是不令人乐观的。中国传统译学术语在国外一直是零星地得到阐述，以专题形式系统的阐释最先是在陈善伟和 David Pollard 主编的、用英文编辑的综合性翻译研究辞典《*An Encyclopedia of Chinese – English English – Chinese Translation*》（1995）中得到阐述。此外，张佩瑶编辑的《中国翻译话语英译选集》（2006）是第一部采用深度翻译的方式把中国传统翻译理论英译介绍到国外的专著。

中国传统译学术语和外来译学术语的研究、理解和使用过程出现了一些以偏概全的现象，这与研究过程中对概念的理解和描写不够深入有关。Cay Dollup（胡显耀，2005）在接受访谈时说"每当我涉及中国翻译理论时，总是听到你们的翻译学者在反复地讨论应该如何阐释'信达雅'这三个字，但每个人的理解都大相径庭，很难达成一致"。而 Theo Hermans（2003）则认为把翻译归为几个术语是难以有很多突破的，其文章指出中国的"信达雅"有多个译法，而对他来说，他并不在意哪个译法最好，他感兴趣的是如何获得这个术语的意义以及它的可操作范围。

无论是引入西方译学术语还是输出中国译学术语，这中间都有可能会经历一个从误读、排斥误用到接受反思的过程。目前所呈现的各种译名，对非母语读者来说都只是提供了翻译理论和术语的一个侧面，而不能提供其全貌，或者说不能够形成相同的认知，因为非母语读者并未建构起相应的文化传统。如宇文所安（2003：13～17）所说，中国文论术语"对其文明来说非常重要，它们负载着一个复杂的历史，而且根植于该文明所共享的文本之中"。中西译学术语都是如此。国外学者一直想拓宽自己的视野范围，吸收其他地域的翻译研究，中国译学则想借鉴西方译学的研究成果，在中西方都需要对话的时候我们需要关注的是如何呈现完整清晰的概念和进行有效的对话。在这样的情形下，双方所需要的不只是几个术语，需要了解的是其背后的丰富文化内涵所能给予的创新活力。

1.4.3.2 对话的基础不存在

术语并不是一个独立的、自足的研究对象，它在其文化传统中孕育产生，并在之后发生了各种衍变和发展。在这种情况下，如果只对其进行一个断面的研究和介绍，势必会导致对其一知半解，同时也会产生误用和挪用现象。关注术语的发展可以从中找到翻译研究的主线，并进而继续推进发展。研究的最终目的就是创新，创新就是要为知识的积累做出贡献。这一过程中不免要有各种理论体系的互动，这一互动和对话的基础就如孙艺风在《翻译关键词》前沿中所说，参与学术对话的作者和读者都较为清楚地知道讨论问题的出发点在何处，并且对所涉及学科的某些基本概念有起码的共识，否则有效的学术对话便无从谈起。而目前的研究现状是同一个术语在中西学者的眼中所称谓的概念并不相同，出现"有的为了'创新'，牵强附会地套用某一国外理论；有的生拉硬套地借用其他学科的术语或观点解释翻译现象，力图'创造新的理论模式'"（许钧、穆雷，2007）。而这一问题的根本原因就是缺乏对术语全面深入的理解和分析。

1.4.3.3 应遵循术语学的定名方法

中国古代学者对定名问题都是慎之又慎，比如严复的"一名之立，旬月踟蹰"，在翻译"rights"时起初定名为"权利"，后反复思考甄别觉得译为"直"才最妥。翻译定名以及原创术语的定名都应该隶属于术语学的定名方法，这两种定名都与多个因素有密切关系，比如对不同语言的了解和概念的掌握程度，以及在不同文化群体的读者心里所产生的认知反应。此外，由于翻译学是一门新兴学科，它结合了哲学、文学、语言学、人类学、社会学、心理学等等学科的术语，这些新创术语所承载的容量也是庞大而复杂的，在借用时会产生何种情况，如何呈现一个清晰的概念，这些都有待深入研究，同时也需借鉴术语学相关研究，"术语学中术语是从专有名称概念界定的角度着手，即先分辨确定一个概念，然后予以定义，最后才决定命名。术语的定义是本着分析与综合的原则，它是以对概念在知识领域定位、命名的方式表现出来。简言之，术语的定义起着在语言系统和知识的概念之间建立一种清晰纽带的作用"（梁爱林，2003）。

1.5　小结

本章对研究的问题即学科术语在语言方面所产生的问题进行了设定；区分了概念、范畴和术语之间的联系和区别；同时对研究对象——中国当代译学术语做了全面的梳理，从其表现形态、组成部分及目前的研究现状加以阐述；并指出目前的研究方法无法窥其全貌，无法呈现完整、清晰的概念，同一术语在中西不同语境下的使用和理解仍然有所不同，相互之间不能够进行有效的对话，新术语产生的方法仍然有待重视和研究。

第二章

相关的理论与研究方法

　　本研究在论述观点、进行论证的过程中，借鉴了术语学的一些理论，语言哲学的一些理论，以及哲学阐释学和阐释人类学的一些理论，这些理论为本研究观点的形成奠定了坚实的理论基础，同时也成为本研究不可缺少的分析工具。

2.1　语言观

　　语言与现实的关系一直是语言哲学家所研究的中心议题，对于这一问题，从最初的词与物的关系，到语言、思维和现实的三角关系，认识一直在不断的深化。那么在术语学中，术语是如何与这三者产生联系，又会如何体现呢？

2.1.1　语义三角

　　语言学家对语义三角都很熟悉，它描述了语言、现实和思维之间相互制约、相互作用的关系。

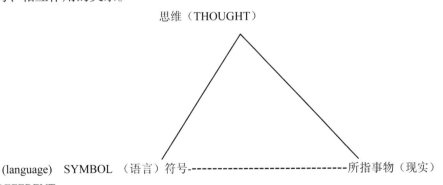

Figure 1：Semantic Triangle（语义三角）（Ogden & Richard，1923：99）

　　图中，思维和所指事物相联系，这种联系是直接的联系（用实线表示），它表明概念是反映客观事物的，是在客观事物的基础上概括而成的。思维与符号之间也是直接的联系（用实线表示），即概念是个抽象的东西，要通过"表意符号"才能表达出来。反过来说，词（"表意符号"）是表示概念的。而符号与所指物之间就没有直接、必然的联系（用虚线表示）。换言之，它们之间的关系是任意的、约定俗成的。

2.1.2 语言世界观

就语言和思维之间的关系而言，这里有两种不同的看法：一种观点认为语言反映现实，语言是一种表达思想的工具；另外一种观点是语言决定论，分为绝对的和相对的两种，相对的语言决定论认为语言对思维产生影响，认为语言在某种程度上决定了我们如何看待世界、如何思考世界，绝对的语言决定论认为语言真的能够"决定"思维。第一种观点把语言的地位看得很轻，并没有认识到语言与我们的世界和看待事物的方式有什么关系，而自从语言学转向以来，学者越来越认识到语言具有的巨大力量，语言的地位越来越凸现出来，语言对世界的建构、语言文字能否准确地称物逮意都成为学者关注的范围，甚至语言意义的产生和知识权力紧密联系起来。第二种观点主要由萨皮尔和沃尔夫提出，他们继承了洪堡特的语言世界观，并将它进一步区分为语言绝对论和语言相对论。"语言决定论强调的是语言与思维的内在的、不可分割的关系，语言包含着世界观；语言相对论强调的是不同的语言之间的差异，这种差异实际上是世界观的差异"（单继刚，2007：140）。

本研究采用了洪堡特的语言世界观，认为不同语言之间的差别不只是符号上的差别，更重要的差别是这些符号所搭建的世界，每一种语言都包含着一种独特的世界观，每一种语言都包含着属于某个人类群体的概念和想象方式的完整体系（洪堡特，2002：70~71）。语言的变化可以改变我们对宇宙的认识。同一概念在不同语言中的不同是由于不同的语言对世界所进行的分类不同，并进而影响着我们的思维和文化传统。语言借助其语音系统、词汇系统和语法规则系统，形成了一种独立自主的力量，规约着思维的可能性和发展方向。所以，就其本质而言，语言之间的差异不是声音和符号的差异，而是世界观本身的差异。沃尔夫在其著名的《论语言、思维、现实》一书中也提出了类似的看法，"所有语言都是一个与其他语言不同的庞大的型式系统，这个型式系统包含了由文化规定的形式和范畴，个人不仅用这些形式和范畴进行交流．而且也通过它们分析自然、注意或忽略特定种类的关系和现象、引导推理过程、构筑自己意识的房屋"（2001：256）。此外，本研究虽认为语言之间的不同是因为世界观的不同，但并不认同翻译的不可译性，即每个民族的语言因具有自身的独特性而无法进行转换，而是认为语言共性是不同语言之间进行沟通和交流的基础，不同语言之间是可以互译的，但更加强调语言之间的转换往往是世界观的交流和碰撞，所以涵盖复杂的知识本体概念。

就语言与思维之间的关系而言，本研究更加强调语言对思维的影响，而并不是语言决定着思维。就如沃尔夫（2001：211）所说，"我们沿着我们本族语化的线来分割自然。我们从现象世界分离出范畴和类型，而我们找不到它们，因为它们就摆在那里，相反，世界以多姿多彩的表述呈现，但必须由我们的大脑组织，很大部分靠我们头脑中的语言系统，我们把自然分割，把其组成概念，并赋予其含义，大部分是因为我们签署了这样的协议——在我们的语言共同体中存在的，并且记录在我们语言的模式中"。换句话说，不同语言对世界进行的理解是千差万别的，所以学习一种新的语言对思维方式和对世界的认识都会产生变化，而引入一个新的术语和概念也会引发相应的语言的变化，引起我们对世界的看法的变化。

中国的文字经历了从古文到白话文的转变，中国古汉语文体是文学性的乃至是诗性的，高雅精深，要靠感悟去把握，而西方科学教育的模式，原理概念清晰严密，可以细化详述，与中国人传统的思维特征和表达方式不同。为了能够完成表述与传播西方先进科学文化的使命，五四时期倡导从古文到白话文的转变，运用新语体、新的句子结构、新的修辞形式等等，发生了新白话文的这种语体之变。我们知道一个不能用语言来代码的概念很难为语言使用者所认识，那么如果概念可以用任何一种语言代码，就可以通过借出、借入和翻译或者其他构建方式将其创造出来。所以，在这个过程中引入了一些中国自身没有的概念，而这些概念和术语的引入为中华民族带来了深层次的影响，具体来说中国人的思维方式和对世界的认识都发生了变化。比如西方的"民主"、"科学"、"个人主义"等等术语进入中国后，带来的是深层次的思想变化，带来的是对既有思维的变革，而并不仅仅是几个词的引入。术语转换意味着知识转换。术语转换的过程是从一种语言的概念系统转换到另一种语言的概念系统，而概念又与知识本体关系非常密切。

2.1.3　形式与质料

至于语言形式和内容，有的学者将其看作是形式与质料的关系。洪堡特（2002：58）认为，语言是形式与质料的统一；在语言中，所有形式都具备一定的质料，一切质料都具有相应的形式。这是就语言内部说的，但是，一种语言也可以整个被视为一个形式，与语言外的两个方面的质料相对应：一方面是语音，另一方面则是"全部的感觉印象和自主的精神运动"，即思维活动及其内容。作为一种形式，语言以自然的质料传达了精神的质料。

形式和质料之间的关系研究可以追溯到亚里士多德。亚里士多德（1995：8～12）提出了四因说，即材料因：构成事物的原始质料；形式因：事物的形式结构、本质；动力因：一定的质料取得某种形式结构的力量；目的因：一具体事物之所以为形式所追求的那个东西。事物的形成都要上述四个原因，比如就葵花来说：葵花籽是材料因；葵花不同于菊花、蒲公英的本质为形式因；葵花籽当中暗含着生产的动力，即动力因；长成后的葵花，可供观赏或食用，即目的因。四因其实可以归于二因，动力因和目的因都可归为形式因。那么质料和形式之间的关系就是潜能和现实之间的区别，是变化的两端。质料本身是无，但却可能成为任何东西，它潜在的是一切事物。但只有当它获得形式时才会获得现实性，才会成为一个事物。一样东西之所以成为一样东西，根本的原因并不在于它的质料，而在于它的形式，形式是引起变化的根源。事物的生成不是从无到有，而是从潜在的有到实在的有。虽然亚里士多德的四因说探讨的是事物构成和变化的哲学范畴，但在形式和质料之间的关系中，形式所起的作用需要我们重新加以思考，形式的变化会带来多少质料的变化？两种语言进行转换的时候，并且在引入新的表达法、新的语法结构的时候会带来多少思维的变化？

分析和比较语言差异及其所反映的精神差异，关键并不在于有多少由一种语言用它自己的词来表达的概念；只要有必要，每一种语言都会理所当然地以其自己的方式来表达任何概念。关键在于同一个词语在不同语言中反映的精神差异有多大。洪堡特（2002：126）认为，一个词的意义包括指称意义和范畴意义。"一方面是对概念进行指称的行为，另一方面还存在着一种独特的精神劳动，它把概念转化为一定的思维范畴或言语范畴，而词的完整意义是由这两个方面共同决定的"，术语这一专门指称概念的语词即是这一类的典型。所以，对译学术语的研究也不能忽视其范畴意义。

就形式与质料之间的关系来看，本研究的观点是思维"内容"受到了语言"形式"的限制，而并不是说形式和内容之间存在内在的、不可分割的联系。也就是说，一种语言的意义在另一种语言中必须改变自身的塑造形式，那么一种语言的术语转换到另一种语言时，其具有的范畴意义（内容之一）与其对等语的范畴意义是不同的，新的"形式"无法涵盖原来"形式"的思维"内容"；另一方面，原来形式的思维"内容"也会随之而至，并带来一定的思维上的变化。

2.1.4 术语学家对语义三角所添加的额外一维

Suonuuti（1997）对语义三角添加了一个新的维度：

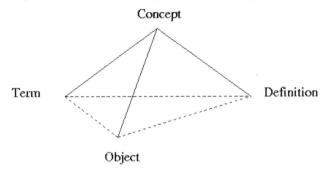

Figure2：**Extended Semiotic triangle**（扩展的语义三角）（**Suonuuti，**1997）

这一维度如图所示加入了定义（Definition）这一维度，于是出现了概念（Concept）、客体（Object）、术语（Term）和定义（Definition）这四个维度。术语、客体和概念之间维持原来的关系，只是加入了定义这一维度。定义取决于概念系统，以及概念之间已有的共同认同的关系。这表明定义是在其他系统的帮助下获得的。这个方法还意味着一个新概念的定义是根据其他已知的概念，在初学者的头脑中形成的一个新形象。这样，定义与概念之间的关系就是双向的。

在这个图式中，概念是最关键的，因为它与其他三者都发生着直接的关系。术语表示、称谓概念，概念反映客体，是在客体的基础上概括形成的；定义则取决于概念系统，客体根据概念和彼此之间的关系进行分类。术语与定义在术语学中是必不可分的，我们不能根据术语的意义来判断其所表示的概念，而可以根据其定义对其进行把握。在这种关系中术语的定义是正确掌握概念的关键性要素。

2.1.5　名实关系

名实关系所涉及的认识论问题可以从对语言的认识谈起，从哲学家们对语言的思考开始，根据苏格拉底以前的人以及苏格拉底本人的语言哲学观点，思想、言语和文字之间被认为具有同一的性质，也就是说，言语是表达思想的工具，而文字又是记录语言的工具。然而，"尽管三者同源，却不一定就绝对同构并且功能相等，同为符号，言语和文字就不被认为是理想的'好'工具，不仅言语不能准确地表达思想，文字更是无法忠实地记录言语。当苏格拉底'不立文字'、孔子'述而不作'，以及老子认为'道不可道'时，思想、言语和文字同一性兼等级性关系就被'前轴心时代'的语言哲学肯定下来"（吕微，2005）。从这一点上，我们可以看出哲学家对文字的不信任。那么不信任的原因是什么呢？其中一个重要的原因就是其容易产生模糊性。

人类的自然语言具有模糊的特征，是有缺陷的。很多语言哲学家就这一点做过论证，指责自然语言。首先，语言哲学家从逻辑的角度分析语言时，发现很难在两个概念之间划定清晰的界限，比如秃和不秃之间是从哪里划开。其次，他们还发现自然语言中有很多"不真句"，弗雷格说，每一个表达式（具有完整性的一组符号）理应具有与之相应的确定的意义。但自然语言往往阙如，人们只好姑且认定代表专名的语法合格、表达式都具有意义，但是它的意义却并不一定具有指称。例如"距离地球最远的天体"是有意义的，但它是否有指称则大可怀疑。正因为如此，弗氏认为自然语言中有许多"不真句"（untrue sentence），理由是应该在"思维—语言—实在"的三元关系背景下考察意义与真理：无指称可以有意义，有意义却并非都有真值（truth value），因为它可能无指称（转引自刘宓庆，2001：202～203）。

语言中的命名问题是很多哲学家和语言学家都探讨过的另一问题，留下了非常多的争论。名实关系的探讨由来已久，可追溯到中国古代名家和墨家的"名实之争"和西方哲学的所谓"幼稚理论"，即名实同一的理论。命名指的是赋予某物以一个名称，换句话说就是名与实的关系，那么它们之间到底是什么关系？是"能指—所指"关系，"词—物"关系，还是"名称—意义"的关系？而名与实的关系不管是哪一种关系，都不是简单的——对应的关系。春秋战国时代就产生了荀子在《正名》中所说"奇辞起，名实乱"

的现象，有"名存实亡"的事物，也有"有实无名"的事物，更多的则是"名不副实"的事物。即使是专有名词也不例外，专有名词通常被认为充分体现了语言的命名性质——字与符号同所指的事物一一对应，但专有名词一旦进入到使用过程中，就沦为了普通名词，会产生各种各样的理解和不同的意义。我们可以看到名实之间的关系远非是静止的、形式逻辑的和共时的关系，它们之间的关系是动态的、辩证逻辑的和历时的关系。

如何认识命名的问题，名字在语言转换时会获得怎样的对应？海德格尔（1996：1065）认为命名没有完整地体现出语言，存在着巨大的不足和局限性，必须打破命名，解构概念，用语言自身的变化来说明自身。他把翻译看成是一种思维活动，即用其他语言的思维来解释我们自己，而不是把事物进行科学或语言的转换。

此外，自然语言的模糊性问题也随着认识的发展获得了新的视野，至于那种"一切皆精确"、命题"非真即假"的看法正受到挑战。自然语言的模糊性不应被看做是一种欠缺，只能说是其自身具有的特点，关键是我们如何解释和处理这些模糊现象。这些模糊现象目前得到各个学科的研究，模糊语言学力图通过模糊集理论解决自然语言的模糊特点，而认知语言学则通过探讨语言的认知过程对语言加以分析。

2.2　术语学理论

理想的情况是术语与概念呈现一对一的对应关系，从而避免出现模糊、混乱局面，但由于受语言自身性质等各个因素的影响这一情况很难实现。实际情况是术语在很多情况下是模糊的，术语无法实现单义性即至少在一个学科领域内，一个术语只表达一个概念，同一个概念只用一个术语来表达，不能有歧义。术语学的最新发展表明术语学家也都开始关注这种情况，注重研究其动态、变化的一面。

尽管术语指的是任何一门学科的术语，但实际上之前术语的研究对象多指科学技术术语，从术语方面的权威机构"全国科学技术名词审定委员会"的名字就可一见分晓。而对社会科学术语，目前学界通用的做法是"社会科学术语，特别是人文学科的术语，含义比较抽象，内容涉及情感、价值、态度、决策等等夹杂不等程度主观成分的因素，解释多歧，难以取得共识。

不过，每个作者只要把所使用的关键术语的含义在各自文章中交代清楚，便也不会带来相互间的误解。目前学界只好采用这种各抒己见的描述方法，存异而不强求划一"（全如珹，2005）。这种描写的方法虽然可以留下很多阐释和发展空间，比简单的规范有优势，但这一方法仍明显存在着含混不清的问题。概念不清晰会直接造成误用和分歧，以致无法在同一个基点上进行交流。两种语言中的概念进行转换的时候，由于汉语中并不一定有相应的概念存在，特别容易因译名产生理解上的不同。

2.2.1 术语的特点

术语从其自身来说，需要具备几个特点：准确性、单义性、系统性、语言的正确性、简明性、理据性、稳定性、能产性（冯志伟，1997：1～2）。那么在这几个特点中，本文重点探讨一下与概念和术语定义相关的准确性、单义性、系统性、理据性和稳定性。根据学科建设的需要，每个学科的学科术语（terminology）都应具有系统性；每个术语背后往往都有一个定义；术语在本学科术语系统内具有单质性，即术语最好是单义，不应该有同义词；学科术语能够具有望文生义的特点，避免主观想法影响术语的意义。

"准确性指的是术语要确切地反映概念的本质特征"（冯志伟，1997：1），这一特征占据着首要位置，首先要了解概念可以分为本质属性和非本质属性，概念的本质属性是指根据一定观点，反映专业领域中各个事物本身所固有的、决定事物本身性质的属性。所以只有通过分析何为概念的本质特征才能确切理解术语的定义。学科术语的准确性则直接关系着学科的基石，如果不能对学科内的术语形成准确、相同的认识，那么学科内和学科外所产生的歧义和误解将直接导致学科本身的发展和壮大，甚至影响学科的存在。

"单义性指的是至少在一个学科领域内，一个术语只表述一个概念，同一个概念只用同一个术语来表达，不能有歧义"（ibid）。单义性仍是目前术语学研究中非常关注的地方，也是引起很多争论的地方。因为单义性这一特点在很多情况下是一种理想状态，仍然存在很多多义术语和同义术语。对一个学科来说，学科术语的单义性尤为重要，但确实存在模糊的情况。在这种情况下，术语的系统可以提供参照，可以帮助确定术语位置。

"系统性是指在一个特定领域中的各个术语，必须处于一个明确的层次结构之中，共同构成一个系统。在术语命名中，也要尽量保持系统性"（冯志伟，1997：1）。术语的系统性是概念系统性的反映，是术语在概念系统中找到确定位置的重要原则，术语的系统性就如索绪尔认为语言具有系统性一样，而术语的系统性则更为重要，只有通过上下层级、种属等等的关系才能建立科学的概念系统，"在研究术语系统的过程中，要应用系统论的联系观、层次观、结构观来分析术语，以求在术语统一、规范的实践中，从整体上把握，以实现术语系统的整体优化"（孟令霞，2010）。术语的系统性是在术语受到语词困扰后确定其概念的重要依据，尤其是在进行译名定名的过程中。

"理据性指的是术语的学术含义不应违反术语的结构所表现出来的理据，尽量做到'望文生义'。中文术语是用汉字来表达的，汉字有很强的表义功能，尤其应该注意术语的理据性。有时，某些术语在形成时是合乎理据的，但随着科学技术的发展，可能会失去其原来的理据"（冯志伟，1997：2）。理据性的缺乏将直接导致使用者的误解和误用，是造成各种问题的最直接的原因之一。

"稳定性指的是术语一经定名，除非特别必要，不宜轻易改动"（冯志伟，1997：3）。以上这些特点不管是在翻译时还是在新的术语产生时都是非常重要的遵循原则。尽管这些原则由于术语的模糊特点而受到影响，但术语的规范化仍是术语研究中所追求的目标。在术语规范化过程中最基本的是对术语的研究，对术语所称谓的概念的理解、描写和分析。

术语的模糊性特征是造成众多误解和误用的原因之一，下面主要介绍这一特点存在的原因、类型及其合理性。作为语言的重要组成部分，术语不可避免地继承了其模糊性特征。具体来说，术语的模糊性特征可以体现在语词称谓的概念外延很难加以界定，从而造成判断的不确定性。当我们形成一个概念时，我们脑子里具有的只是某种情境。魏斯曼（Friedrich Waismann）把术语的这种特征称为"开放性特征"或"含糊的可能性"，"这种不确定性永远也不可能完全被消除，因为，尽管我们能够对我们在任何一个给定情况（如消失后不再重新出现）下会说些什么作出判定，但是，还会有无数可想象的情况，就这些情况而论，那个概念仍然没有被界定（阿尔斯顿，1988：213）。虽然魏斯曼这里指的是一个一般的概念，但对于学术术语称谓的概念同样适用，当一个概念在一个语境中生成，经过发展衍变，尤其是当一个概念转换到另一种语言时语境发生了根本变化，于是不同的理解就出现了，也就会造成很多的情况。

注意到术语的模糊性是术语学发展到一定程度上的产物。概念上的分歧除了语言方面的问题，有时也是由于概念之间复杂的关系、看问题的角度不同所造成的，概念总是随着人的实践和认识的发展，处于运动、变化和发展的过程中。这种发展的过程或是原有概念的内容逐步递加和累进，或是新旧概念的更替和变革。概念通过语词体现出来而引发的种种争论也是新的理论产生或者已有理论向前发展的一个动因。科学认识的发展就是概念不断转换和更新的过程，而术语及其系统反映着这样的认识过程。可以说，一个术语是否能准确表示概念，完全取决于对概念的认识和界定，取决于人们对事物、现象的认知能力和水平。比如说，"信达雅"这个翻译标准从它的提出到现在有一百多年的历史了，其中发生了很多的变化，我们不可能要求其是一成不变的，随着对翻译的认识发生的巨大变化，"信达雅"的内涵也发生了巨大的变化。而"equivalence"之所以造成这样大的争论，这与每个使用者所运用的诠释理论有很大关系，这些诠释理论与主观认识、背景知识都有很大的关系。另外一种情况是，对术语的理解不仅是对其概念的分析，还要对相关学科信息加以了解，翻译学的开放性使得翻译学融入了多个学科的理论，比如哲学、语言学、社会学、伦理学等等，这些相关学科的发展和变化也直接影响着对某个概念的认识，对 equivalence 认识的变化也离不开语言学界、哲学界所发生的视角转换。

　　模糊也可以分为语言的模糊和言语的模糊。第一种情况，在对自然语言进行分析的过程中，自然语言存在逻辑上模糊的情况，这种模糊现象在语言哲学家以语言为研究对象时进行了深入研究。比如，Russel（1923）、Pierce（1902）、Zadeh（1965）、Williamson（1994）、Lakoff（1971）。但自然语言的模糊性另一方面又为日常语言和艺术语言的多样性、丰富性提供了更多的原料。语言哲学家看待日常语言的角度与翻译理论家并不相同。翻译理论家不会忽视语言中的人文本质特征给语言形式带来的缺陷。但是翻译理论家也认为，正是人文性使自然语言不拘一格因而色彩缤纷（刘宓庆，2001：203）。

　　而从语言使用者的角度来划分的话，模糊又可以分为无意模糊和有意模糊。无意模糊并不具有任何主观意图，只是因为语言自身的原因或者使用者的个人原因造成的，但是这种情况也可以再细分为无意识和未经思考。如果是无意识的话，那么可以告诉读者其所使用的意思，但如果是未经思考的话，那就需要更多的思考。而有意模糊则是由于使用者个人出于一种考虑而把语言模糊化处理。

就术语来说，理想的情况是术语所称谓的概念是确定的，或者在特定的语境下是确定的，但模糊性确实是术语通常体现的特点，甚至在有语境的情况下也是模糊的，所以对术语的规范化使用是非常必要的。当然，术语的模糊性也有其存在的合理一面，术语的模糊性有些是本身语词、概念之间复杂的关系所造成的，比如说概念通过语词能否清晰体现，但还有的情况是这是新的理论产生或者已有理论向前发展的一个前提。正是因为术语所产生的种种争论，才使得理论可以换向思维。

2.2.2 概念理论

术语与概念之间的关系是密不可分的，而且概念是术语研究中的核心要素，概念系统是指通过逻辑关系或本体论关系联系起来的概念集合。在概念系统中，各个概念之间可以发生纵向联系和横向联系，或者至少发生纵向或横向中的一种联系。"概念的逻辑关系是概念的知识本体关系在人类认知上的反映，因此，从本质上说来，术语学中概念之间的关系应该是知识本体关系。例如，属种关系可以从逻辑的角度来研究，也可以从知识本体的角度来研究，实质上仍然属于知识本体关系。不应当把概念之间的逻辑关系和本体知识关系孤立开来"（冯志伟，2010）。

概念的分析方法有两种截然不同的路径，即传统意义上的语义方法（semantic approach）和称名方法（onomantic approach），而这两种路径又直接影响着我们对概念的理解和研究。在对概念进行分析的方法中，语义方法深深地潜藏在我们的意识中，这种语义方法从字典的编写方法中可以完整体现出来。通常这样的方法模式如下，起先是一个词语或者短语，接着是它的几个意思，然后是它的语用环境，也就是出现在什么样的理论、政治或者社会语境中，以及由此引起的结果、冲突和混乱。目前术语辞典的编写方式主要是按照这种方法进行，也就是说我们更容易把术语当作词汇，从而设定了与读者之间的静态、稳定的关系，读者从中找到确定的意义。这种方法比较适合普通学习者，而对于从事科研学术的学者来说需要对概念进行精密的区分，需要对概念有更加系统和全面的认识，这样的方法难以满足这样的需要。

针对社会科学术语存在的多义、同义和怀疑态度问题，Riggs（1993：204~205）提出了一个新的方法，那就是称名方法（onomantic approach），这一术语来源于称名学（onomasiology），这个方法把语义方法颠倒过来，从概念入手，识别其理论研究和语用背景，然后给出例文，继而列出可以表示这个概念的不同词语、短语或表达方式，也就是术语。这个范式可以称为概念分析。这个范式可以更加关注概念的产生、发展和变化，而不会让术语成为代替概念的主角，并进而引发各种歧义和混乱。"称名学就是研究专业概念的称名过程、专业词汇现有的结构形式，以便确定、推荐最能产的术语称名方法与模式"（叶其松，2007）。

这样的方法涉及到一个重要的问题，那就是概念是否可以独立于它们构建的理论话语？或者是否依赖于理论？实际上，新概念不仅在研究过程中出现，也在一定的理论语境中出现。一旦以这个理论为基础的概念为人所知，它们有时就会独立存在，并在其他研究项目中得以使用。概念的形成和使用共同决定了它们的历史、地位和身份。称名法的使用是术语研究的根本，通过围绕概念的研究可以获得对概念全面准确的认识。本研究主要就是依据称名方法的理论基础，进行概念的分析和描写，从而对术语研究、对概念的分析和更新进行一种动态的研究，这样的研究还需要术语库的支持。

2.2.3 术语研究方法

一直以来，人们对术语的认识是基于传统意义观基础上的，认为术语的意义是单义的、确定的等等，但实际上那些对自然现象无法用严格、清晰语言进行分类的问题，也就是术语意义模糊问题也是很普遍的。"人们有时认为，术语并不存在意义上的'模糊'，但实际上除了一些含义精确的专门术语外，在其他几种情况下，很难对术语的意义做出准确区分"（Shuttleworth& Cowie，2005：xxviii）。目前术语学的研究现状也是从一种主导的传统术语学理论转向多元的术语学理论共存、竞争和发展的态势，比如社会术语学、社会认知术语学、计算机术语学等等。

就术语学目前的发展趋势来看，传统术语学已经从中心位置慢慢转为其中的一个分支，但传统术语学在很多方面为以后的术语研究理清了思路，比如在语言方面，突出概念的地位，概念先于定名，概念有独立自主性。在术语工作方法方面，完全使用概念的方式，不用词典学的词义项方式，注重排列的系统性；在术语演变方面，对术语的变化进行有意识的控制，提出了术语的规划、统一和标准化的思想，术语标准化和语言规划的目的是出于规定的需要；突出术语定名的国际统一的原则和方法（梁爱林，2006）。

随着术语问题的复杂化和研究的深入和多样化，以及在语言学界发生的从语言到言语的转变，传统术语学也遭遇了一定的挑战和困境。根据 Temmerman（2000：4），传统术语学理论秉持以下五个原则：（1）术语学是从概念出发，而不考虑语言；（2）概念是清晰的，处于逻辑概念结构中或者本体概念结构中的一个位置上；（3）概念可以进行完美的定义；（4）概念与术语是一对一的对应关系；（5）术语学的共时性原则，即概念与术语要同时间研究。实际上，这些原则在现实生活中会遇到很多的问题：第一，传统术语学把概念而不是术语或者字词当作意义描述的起点，概念被当作是术语的意义。传统术语学认为概念是可以理解的，可以定义的，并且是可以用术语来命名的，因为它客观地存在，却并不考虑语言，不考虑语词。实际上不管概念如何，最终都是由语词所称谓出来的。同一个概念用不同的语言表达出来，在读者心中所产生的反应是不同的，这其中有语言世界观的原因，那就是语言不仅是简单的符号，也是一个民族文化以及信仰的表现形式；第二，范畴很可能是模糊的，很难把术语放到一个合适的位置；第三，概念的定义很难给出；第四，传统术语学把单义作为一种事实，但实际上多义和同义才是事实；第五，范畴是演变的，术语的意义是变化的，理解也是发展的。

传统术语学研究受到多元术语学理论的挑战和冲击，比如社会术语学、计算机术语学、文本术语学、术语学交际理论，这些术语学理论从不同视角对术语进行探索，新的术语学理论关注点发生了转移，更加关注语境和认知的研究。以社会认知视角术语学为例，它与传统术语学有下列不同的观点，它把"理解"或者"术语"当作意义描述的起点，语言在构建范畴的过程中发挥着作用；类典型结构假设对于构建和理解范畴是可行的；单义在特殊语言中有，但也有多义和同义的情况（Temmerman，2000：39～43）。从以上对比可知，传统术语学关注的是固定、统一的一面，而社会认知术语学关注的是变化、发展的一面。社会认知语言学从"术语"入手，以此作为研究的起点，也就是从"理解"的角度切入。从某种意义上说，传统术语学方法关注的是结构语言学中语言的结构，而社会认知术语研究关注的是语言的使用。本研究采取的视角仍然是从概念出发，但把语言因素的影响充分考虑了进去。

2.3　哲学阐释学与阐释人类学

由于本研究重点探讨术语产生之前和产生之后的理解问题和解释问题，所以现简要介绍一下所采用的研究理解和解释的科学——阐释学的主要观点，以及相关的阐释人类学主要观点。

2.3.1　阐释学

阐释学本是一门研究理解和解释的科学，其最初的动因是为了解释《圣经》中上帝的语言，之后宗教神学阐释方法论广泛渗透到文学、历史学和法学等领域，成为人文学科文本阐释的方法论，施莱尔马赫（Friedrich Schleiermacher，1768～1834）和狄尔泰（Wilhelm Dilthey，1833～1911）则在神学阐释学和法学阐释学的基础上把阐释学发展成为一门关于理解和解释的系统理论。于是在他们那里，阐释不再仅仅是接近上帝和真理的途径，而成为人与人对话、沟通的方式。施莱尔马赫系统地论述了阐释的技巧方法，提出了阐释循环说，涉及了先在理解及理解的相对主义问题，提出理解具有心理过程特点，将阐释与思维即思维的个体联系了起来。狄尔泰认为，理解人的存在，就是要理解他们的文化表达——不仅仅有文本，也包括各种各样的艺术形式和属于一般历史文化范畴的人类活动。因此，人文学科是阐释学的学科，它们的重心就在对语言表达的阐释上，而对这些表达的探索必须追问到原初的经验：生命经验。

在此之前，理解都是属于方法论的范畴，但海德格尔认为它是作为本体论而存在，认为理解是此在的存在方式。海德格尔对理解、解释的本体论意义的发现，使理解、解释的对象不再单纯是文本或文本的衍生物而是人的此在本身，理解不再是对文本的外在解释，而是对人的存在方式的揭示，即通过理解解释使此在知道自己的存在，知道自己如何存在（赵光武，2004）。对理解的这一根本性改变使得阐释学进入了前所未有的视域。其中一个重要的论述是，在海德格尔看来，理解具有前结构，一切理解都不是对对象的无前提的理解，对象其实已经在某种模糊的方式里被理解，理解是基于解释者的前结构的先行的前理解，前结构将构成解释者的不言而喻的无可争论的先入之见（洪汉鼎，2005）。

伽达默尔（Hans - Georg Gadamer，1900～2002）秉承海德格尔的本体论

转变，把阐释学发展成为哲学阐释学。按照他的看法，阐释学绝不是一种方法论，而是人的世界经验的组成部分。伽达默尔在综合吸收前人研究成果的基础上，发展出一系列的概念，如成见、权威、传统、解释距离、效果历史、视域融合等来重新表达理解与解释的条件性以及语言的普遍性，包括理解是在成见的推动下不断创新的过程；视域融合是理解得以发生和进行的过程；视域融合与用语言对话是同一个过程（赵光武，2004）。正是在这种重新表述中，阐释学的"对话"特征被突出出来。本研究重点运用了伽达默尔所使用的这些术语和概念。

哲学阐释理论的另一个重要人物是保罗·利科（Paul Ricoeur，1913～2005），在诠释学的发展过程中，利科的诠释学通常被称为现象诠释学，从技术上看，利科的诠释学理论主要是一种文本阐释理论。用利科尔的术语来说，书写的话语即文本，一方面"解除原来的语境关系"，另一方面又"重建新的语境关系"。本研究借用了利科文本内的间距理论，并把它应用到语际间的间距。至于对待间距的态度，利科尔遵循伽达默尔的看法，认为"人类经验的历史真实性的根本特征，即在间距中并通过间距而交流"。因此，间距化不是一种消极的因索，而是一种积极的建设性和生产性要素，它是理解和解释的条件（洪汉鼎，2001：301）。

在此，尽管阐释学中各个时期的代表人物都谈到"理解"这个概念，但实际上对这一概念存在不同的看法。"理解按施莱尔马赫的看法，是一种深度的移情，与作者的思想取得一致。按狄尔泰的看法，理解不同于说明，它是深入到个体内心的行为，如理解一幅画、一首诗、一个事实，不同于科学的说明，它是把握生命的表现。现在在海德格尔这里，理解完全不是这样，理解就是在一个人生存的生活世界脉络中去把握他自己存在可能性的能力，理解并不是进入他人境遇的特殊能力，也不是在更深意义上把握某种生命表达的能力，而是此在在世存在的一种基本方式"（洪汉鼎，2001：201）。

2.3.2 阐释人类学

阐释人类学是近年来在西方文化学研究领域异军突起的一个分学科，在对文化符号的破译及对文化行为的深度描写与阐释方面，取得了显著的成果，并已渗透到文化研究的各个领域。阐释人类学是在借鉴符号人类学和认知人类学的基础上发展起来的，其中也借用了阐释学的很多概念和观点。当代阐释人类学的宗旨是，它对事物的了解是"解释之上的理解"，其中格尔兹是非常重要的代表人物。他认为："文化并非随常隶属于社会事件、行为、制度或其进程之类的权力；它是一种易于领悟的本文氛围——即就是深度的描写"。格尔兹以"深度描写"和"地方性知识"为武器，以观察、移情、认知、自觉地追随"文化持有者的内部眼界"去阐释，摒弃一般、寻找个别的方式去重建新的知识结构（王海龙，2000：导读一14~15）。下面介绍一下本研究中所涉及到的阐释人类学的一些概念和理论，比如对文化的认识、文化持有者的视野以及地方性知识等等。

2.3.2.1 对文化的认识

阐释人类学采用的是马克斯·韦伯看待文化的观点，这种看待文化的观点是符号学的文化概念，即文化就是人自己编织的意义之网，对文化的分析不是一种寻求规律的实验科学，而是一种探求意义的解释科学（Geertz，1999：5）。这些意义之网就是我们要阐释的本质。"当我们来到一个传统完全陌生的陌生国家时，我们就对此有体会；更有甚者，即便我们掌握了这个国家的语言，也仍然如此。我们不理解这个民族（而且，并不是不知道他们之间所交谈的内容）。我们不能适应他们"（Geertz，1973：15）。这一点也可以解释何以我们理解一个术语的时候，不能完全了解它的意义，因为它与很多其他语言文化符号相连。文化是公共的，而不是私有的。文化是该民族共同体共同编织的意义之网。语言、行为、风俗、宗教等是其意义的现实展现。对该意义之网的理解与把握是进入该文化的前提和基础。

文化与互文性具有密切的关系。一方面，斯坦纳认为，将文化结构看作具有"拓扑性质"很有意义。我们文化的多重表达形式下面存在恒量或常数，正是这些恒常的因素才使文化成为可能。另一方面，互文性就是指尽管文化的表现形式多种多样，但是通过对不同表现形式的现象加以分析，可以发现相关性，获得对文化的深入了解。互文性也称为"文本间性"，是法国后结构主义批评家克里思蒂娃提出的，意在强调任何一个单独的文本都是不自足的，其意义是在与其他文本交互参照、交互指涉的过程中产生的。由此，任何文本都是一种互文，在一个文本中，不同程度地以各种能够辨认的形式存在着其他的文本，诸如先前的文本和周围文化的文本。这里主要指的是文本之间互相指涉。

2.3.2.2 文化翻译问题：译释

阐释人类学提出了一个"译释"的概念，它的英文是"translation"，指的是用我们的词汇来攫住他们的观念，译释意味着使这些概念超越其原始产生的具体文化背景，而将其实质内容析出并重新植入类似概念，然后标出其不同。这一概念与通常意义上的"翻译"有相似之处，因为就翻译的本质来说，世上没有两种语言有真正意义上的相同意义可供我们互译，真正意义上杰出的译永远是出神入化的释，是一种语言的兑换和再表述，同时亦是一种文化和世界观的对应和再申述。阐释人类学所"译释"的内容是文化中的风俗习惯、世界观等等，而通常意义上的"翻译"表面上看是对两种语言的转换，是对语词的理解，但其实也与文化有密不可分的关系，尤其是对于术语来说，学术文化背景是术语借以产生的土壤，只有对此加以深入理解才可以更好地把握术语所称谓的概念。正如 Geertz（1983：54）所说，"研究巴厘的文化人类学家，适如研究奥斯丁小说的批评家，也是在繁复的事务中汲取探寻屈林教授的线索来解释他的论文"。文化人类学的"译释"是了解他者文化的一种方式，其内涵带有阐释学的特点，Geertz（2000：11）说"译释"在这儿并不是指简单地把别人认识事物的方式用我们自己的方式重新安置一下（用这样的方式往往会失去很多内容），而是用他们本身的方法的逻辑展示，将其用我们的方式来表达出来。这样的认识和方法可以帮助我们了解术语产生的语言文化背景。析出他者认识事物的方式，了解他者本身的逻辑，对术语研究和了解学术文化传统是很重要的。

2.3.2.3 他性问题：文化持有者的内部眼界

人类学家力图做到从内部成员角度去理解和描述异域文化。人类学在发展过程中把文化内部持有者视野（emic）和外部视野（etic）进行了区分。通常认为 emic 是文化承担者本身的认知，代表着内部的世界观乃至其超自然的感知方式。它是内部的描写，亦是内部知识体系的传承者，它应是一种文化内部持有者唯一的谨慎的判断者和定名者。而 etic 则代表着一种外来的、客观的、"科学的"观察，它代表着一种用外来的观念来认知、剖析异己的文化。在这里，"科学性"是 etic 认知及描写的唯一谨慎的判断者（Pike，1967：46~58）。内部的视野就一定是主观认知的，外部的就一定是客观、科学、经验分析的吗？经过马林诺夫斯基笔记①的公开，学界对此产生了怀疑。翻译和民族志的书写意味着他者的声音总是经过译者或者民族志者的意识过滤的，所以对他者的翻译再现或者民族志式的再现总是有问题的（Wolf，2007：181）。虽然如此，我们仍然可以由此进一步希望通过在阐释之上的理解对事实有更进一步的客观描述和发现。"深描"说所导致的理解超脱于"生硬的事实"之上，它追求被研究者的观念世界、观察者自身的观念世界以及观察者"告知"的对象——读者的观念世界三者间的沟通（王铭铭，1999）。人类学民族志的模式有利于我们超越传统的观察者与被观察者，自我与他者的二元对立，更有效地评估翻译与其他文化表述之间的关系，发现文化之间的权力关系和不同文化层面的交互关系（Wolf，2007：187）。从这一点上，我们可以了解人类学家作为中介人而不是观察者对被观察者文化的管窥、理解和解释，这种方式一方面是我们自己构筑的对别人的认识，另一方面也可以从别人那里认识自我，在观察者、被观察者和读者之间形成一种互动。本研究的研究目的之一是希望通过术语研究，构建文化持有者的视角，探索特定文化的成员具有什么样的概念范畴，了解特定文化的内在结构，为理解和翻译术语提供一定的背景知识和文化传统参照。

2.3.2.4 地方性知识

地方性知识与后现代意识共生，是深描的一个出发点，从异文化的位置来体察人类学家自身的"本土文化"，出发点是尊重差异。地方性知识是阐释人类学的认知角度，同时这种认知不管是不同一下的差异，还是同一下的差异，它的基本要点都是寻求差异。但"格尔兹所云地方性不只是一种出发点和姿态，而是一种方法论的缘起。他的着眼点不在于仅仅对异与同的逆向探讨，而在于从发生学的渊源去追溯其命名学甚至是思维论上的歧异"（王海龙，2000：导读20）。在这个前提下，尊重差异也就是尊重他者，"他者"是与自我相对的，并且是由自我对"他者"进行这样那样的构建，其根本原因就是因为差异的存在。根据索绪尔的观点，差异是重要的，因为它可以生成意义。意义是相对的，这迫使我们根据其对立物来解释概念、图像

---

① 英国社会人类学家，功能学派创始人之一，马林诺夫斯基最大的贡献在于他提出了新的民族志写作方法，然而在这位人类学田野调查开山祖师死后出版的日记中，充满了愤懑和牢骚，对人类学田野工作的讨厌，更令人失望的是对当地土著民族的歧视语言，与他生前发表的民族志中的表达形成鲜明对比。

以及所有的一切。意义就存在于对立物之间的区别上。根据人类学的观点：社会群体通过把事物排序和分类而把意义强加给世界。二分法对所有的分类都是关键的，因为人必须在事物之间进行清晰的区分。根据心理分析的观点：他者对构建自我身份（主要是性别身份）是基本的。

由于差异的存在，以及这种传统逻各斯中心主义的二元对立的思维，所以就出现了美/丑、天/地、高/矮的划分，自我和"他者"就这样对立了起来，而前者一般都是占据着主动权和优越性的。自我于是就以这样的视角去看待他者，去审视他者，去拯救他者，比如作为"他者"的东方形象在西方文化的建构中就是处于这样一种状态，"东方就在西方对熟悉的东西的轻蔑和对新异东西既兴奋又害怕——或者说恐惧——这两种状态之间摇摆不定"（萨义德，1999：74）。也就是说，自我对"他者"就产生了这样两种矛盾的心理，一种是对有异域风情东西的猎奇心理，一种是对其恐惧的压制心理。我们从西方文学作品中的东方形象中不难看到端倪。"这种东方主义范式深深影响着翻译的语言学和符号学层面，强行播撒着他自身的概念框架，这种东方主义的翻译观充满着强烈的征服者色彩"（费小平，2005：311），由于不同文化之间总是有差异的，自我往往会认为自身文化是独特的，不可超越的，这种对自我文化和对"他者"文化的看法则会加剧对差异的某些毫不让步的不宽容。

2.4 本研究的研究方法

本研究为译学术语专题研究，属于翻译研究中的描述性翻译研究范畴。本研究采用以定性分析为主的综合研究法，应用经验描述、批判诠释与个案分析相结合，以译学术语形成问题为核心，术语学相关理论为依托。主要应用的是哲学阐释学和阐释人类学的理论，其他翻译理论如新历史主义翻译观、翻译文化学派理论也会有所涉及。

2.5 小结

本章一一介绍了术语研究所涉及的对语言方面的思考，包括语言与思维的关系、形式与质料的关系、名与实的关系，以及语言世界观；并指出术语具有模糊的特点，这一特点给术语研究带来了复杂性和难度，应在对这个问题充分了解的基础上进行规范化使用；表明在本研究的术语研究中仍然基于概念为先，关注称名方法的概念分析，并强调不能忽视对语词的考虑；同时论及哲学阐释学和阐释人类学所涉及的理解和解释的条件和方法。以上三个方面的阐述和分析，为后面的论述提供了坚实的理论框架，并为解决问题提供了方法和手段。

第三章

中国当代译学术语的形成（一）

中国当代译学术语中的西方译学术语部分如何进入到中国语境中，以及西方译学术语又是以何种方式成为中国译学术语系统的一部分，它们是否仍然是以本来面目出现，还是发生了什么样的变化，这些变化又对中国译学产生了什么样的影响？

3.1 西方译学术语的时空旅行与翻译延异

假设一种理论或一个观念作为特定历史环境的产物而出现了，当它在不同的环境里和新的理由之下被重新使用时，以至在更为不同的环境中被再次使用时，会发生什么情况呢？赛义德由此提出了一个"理论旅行"理论，萨义德的旅行理论描述了概念的旅行过程，以及在这一过程中所经历的变化，其侧重的是理论对具体的政治和情景的回应，是东方主义得以形成的原因。在旅行过程中虽然他没有提到翻译在其中所起的作用，但是从起点、旅行的过程，再到目的语的接受条件等等，这一过程涉及翻译过程的多个要素，如译者的因素、读者的因素、目的语的接受条件（目的语的政治文化图景及其语言特点）等。本章运用这一理论说明译学术语在时间和空间旅行过程中所遭遇的各种变化并用阐释学解释这种变化发生的原因。

首先有个起点，或看上去像起点的东西，标志某个概念的产生，或标志某个概念开始进入话语的生产过程。其次，有一段距离、一段旅程、一段概念从此至彼地移动时的必经之路。这段旅程意味着穿越各种不同语境，经受那里的各种压力，最后面目全新地出现在一个新的时空里。第三，移植到另一时空里的理论和观念会遇到一些限定性的条件。可称之为接受条件，也可称为拒绝条件，因为拒绝是接受行为不可分割的组成部分。这些条件使人可以引进和容忍外来的理论和观念，不论那些理论看起来多么怪异。第四，这些充分（或部分）移植过来的（或拼凑起来的）概念在某种程度上被它的新用法，以及它在新的时间和空间中的新位置所改变（Said，1983：226~227）。

理论旅行实际上就是把异域的概念、命题等等抽离其原生的语境，而将其植入陌生的语境——这就是利科尔所说的"脱语境化（decontextualise）"和"再语境化（recontextualise）"。旅行过程中有几个重要的要素，起点、必经之路、接受条件和改变。起点是概念生成的地方，而在必经之路这个旅途上涉及很多的阐释学要素，比如译者的视域、译者的前结构以及时空距离等等。

术语虽然最能体现命名性质，比如要求术语具有单义性和精确的定义，但术语的意义并不是固定的、一成不变的，这种精确定义的、明确的术语当它们嵌入语言的生活时就增加了自己多义、含糊的可能。那么术语所称谓的概念在经过时间和空间旅行后会发生什么样的变化呢？这个变化在时间和空间两个维度展开，所以变化更是纷繁复杂。在空间上，从一个空间到另一个空间之后，由于留下来的只是语词，而与语词伴随的、相关的其他因素都留在了原地，就产生很多不同的理解；而在时间上的穿越，则是语言发展的规律，从古至今的发展和延续也是历史进程的一部分，那么在古今对话的过程中的理解又会怎样。

在概念从此地到彼地的移动方面，有的学者对此做过研究。这方面的研究可以分为几种类型，一种是关注概念真正的含义是什么，为什么发生了变化；而另一种则关注发生了什么变化。比如 Lydia（1992：19~20）在《跨语际实践》中就表明了这样的学术关注点，并强调了在这样的方法论上的转移。比如个人主义进入中国后本是用来帮助解决现代的自我观和民族观的冲突的概念之一，但实际上它反倒使问题进一步复杂化了。她认为，没有必要去寻找某种本质主义的、固定的"个人"及"个人主义"的意义。真正有意义的是去关注围绕"个人"、"自我"、"个人主义"等一些范畴展开的那些话语性实践，以及这些实践中的政治运作。赵稀方的《翻译与新时期话语实践》关注的是对经由翻译体现出的新时期跨文化话语实践的考察。这种考察并非完全拘泥于语言本身，而是着眼于由此显示出的接受者的理解及其意义，因而涉及与翻译的历史条件相关的广泛材料。上述两位学者所关注的都不是这一过程中概念为什么会发生变化，而主要关注的是一个概念在跨文化话语实践中所经历的历史语境变化。本章将从阐释学的角度分析概念、术语在理论旅行过程中为什么会发生变化，翻译在这一过程中所造成的延异，以及所发生的历时变化。

3.1.1 概念的跨文化旅行必经之路——间距

从此地到彼地有一条必经之路，那么这条必经之路上体现为两种语言之间的间距。在一种语言内部，利科尔（1987：133～148）曾经提出四种间距：（1）所说的意义表达和对所说的事的间距；（2）书写的表达与原说话者的间距；（3）书写的表达和原来听众的间距；（4）本文的称谓范围和言谈话语指称范围的间距。换句话说，这四种间距可以表现出文字与言语的间距，文字与作者的间距，文字与读者的间距，文字语境与话语语境的间距。利科尔所提出的这个问题主要是对语言内部所进行的考虑，那么语际之间的转换除了上面所提及的各种间距之外，还涉及到更加复杂的间距情况，概念在进行跨文化旅行的过程中变换的不只是两种语言，还成为更为严重的诠释学困难。

> 外语的翻译情况只是表示一种更为严重的诠释学困难，即面对陌生性又要克服这种陌生性。……凡需要翻译的地方，就必须考虑说话者原本语词的精神和对其复述的精神的间距。但这种距离是永远不可能完全克服掉的。……翻译者经常痛苦地意识到他同原文之间所具有的必然距离（伽达默尔，1999：490～493）。

从概念转换的出发点到目的地的过程，间距形式包含了多个层次方面的内容，即语言间距、语境间距、理解间距和时间间距。语言间距指的是面对陌生语言时所形成的距离，语言间距并不仅仅指语言方面的问题，还包括语言所体现的文化、心理、精神等等方面。而语境间距则是一种理论或者学说从原有的语境中剥离出来，进入一个新的语境中所产生的距离感。理解间距则体现在多个方面，有译者与文本的间距、译者对目的语语境的间距，文本与目的语读者的间距，虽然隐藏在译文背后，但在旅行过程中所起的作用却不可小觑，译者自身的前结构和视域对译文都有直接的影响，对术语的理解发挥着一种隐性的制约作用。时间间距的涵义比较清晰，主要指的是历时这个角度所产生的距离，体现为理论的历史性。比如，当奈达的翻译理论和与之相关的概念进入中国，首先，遇到的是中英两种语言之间的不同；其次，奈达的翻译理论所产生的语境、理论背景，形成此理论的研究问题与目的语中是否有同样的理论背景、问题和语境，奈达的理论最初是建立在《圣经》翻译的基础上，所形成的对等理论因而具有一定的针对性；再次，目的语读者的前结构、视域能否与奈达的理论融合；最后，理论的历史性，翻译理论大多都是建立在与其他学科相关的基础上，比如奈达的理论与乔姆斯基的深层结构理论以及符号学理论息息相关，那么随着语言学和符号学的发展，这些与之相关的翻译理论也会产生相应的变化。这些方面的间距造成了奈达理论在中国遭受到误解和误读，甚而时至今日仍然有论及此问题的文章。

3.1.1.1 译者和读者的前结构

译者在进行翻译的时候，并不是一个完全开放的个体，可以全部吸收新事物。译者对原文的理解是受到前结构制约的。前结构的概念是海德格尔提出的，之后由伽达默尔发展为前理解的概念。前结构由三部分组成：前有、前见和前把握。海德格尔（1987：183～184）认为，"这种解释一向奠基于一种前有之中。作为理解的占有，解释活动有所理解地向已经被理解了的因缘整体性去存在。对被理解了的但还隐绰未彰的东西的占有总是在这样一种眼光的指导下进行揭示，这种眼光把解释被理解的东西时所应着眼的那种东西确定下来。解释向来奠基于前见之中，它瞄准某种可解释状态，拿在前有中摄取到的东西开刀。被理解的东西保持在前有中，并且前见地被瞄准，它通过解释上升为概念"。前结构中前见不同的学者则有不同的看法，启蒙运动曾以批判前见为出发点。他们把前见区分为两种，一种是由于人的威望而来的前见；另一种是由于过分轻率而来的前见。伽达默尔反对启蒙运动和浪漫主义对前见的看法，他认为"理解甚至根本不能被认为是一种主体性的行为，而要被认为是一种置自身与传统过程中的行动，在这过程中过去和现在经常地得以中介"（伽达默尔，1999：372）。也就是说，在这些前见里，有利于理解的生产性前见，也有阻碍理解甚至导致误解的前见。没有前理解就无法进行理解，译者在这个过程中并不能自由支配，所以译者最终会形成什么样的理解是由译者的前结构决定的。"把某某东西作为某某东西加以解释，这在本质上是通过前有、前见和前把握来起作用的，解释从来就不是对某个先行给定的东西所作的无前提的把握。任何解释一开始就必须有这种先入之见，它作为随同解释就已经'被设定了'的东西是先行给定了的，也就是说，是在前有、前见、前把握中先行给定了的"（海德格尔，1987：184）。所以，译者和读者在理解一个理论的时候自身都已具有了一定的先入之见，这种先入之见决定了他们不可能"中立地"去看待自己的理解对象，而只能是按照自己的立场去理解和解释，但这种先入之见并不完全成为理解和解释的障碍。这种先入之见一方面可以有助于理解，另一方面影响甚至遮蔽着他对原文的理解；此外，这种理解并不是一种主体对客体的行为，而是一种置自身于传统中的表现，是过去与现在的一种交融。比如当中国译学理论进入国外，国外译学理论进入中国，各自的学者只能按照自己的前有、前见和前把握来看待他者，所以其中会产生不同的理解、不同的认识，甚至会存在一些误读和意义变化。

又如，意识形态维度的翻译研究进入中国后迅速带来反响，引发一系列相应的研究，但国内对意识形态的研究却由于研究者自身对意识形态的认识存在一定的模糊，并且研究起步较晚，从20世纪80年代才开始对意识形态进行介绍和评述性研究。从某种意义上来讲，意识形态概念本身对于很多中国人来说，以及在中国的语境使用中，它通常与政治联系在一起，多带有否定涵义，通常带有意识形态的事物都带有一定目的和企图；而在西方人的眼中，意识形态的内涵是方方面面的，既有法国人特拉西所持的概念，意识形态是寻求解释和改变世界的观念体系，也有阿尔都塞、伊格尔顿、卢卡奇等人对意识形态所进行的深入陈述。所以，在这样的前结构的影响和制约下，对意识形态维度的研究不免是一种应用性的研究，同时"对意识形态概念本身的厘定较少，基于翻译个案对勒弗维尔的意识形态与翻译理论的验证性翻译外部研究居多"（孙志祥，2009）。

3.1.1.2 视域融合

视域融合是伽达默尔提出的一个概念，这个概念与前理解关系密切，前理解或者前见是历史赋予理解者或者解释者的生产性的积极因素，它为理解者或解释者提供了特殊的视域。"一切有限的现在都有它的局限。我们可以这样来规定处境概念，即它表现了一种限制视觉可能性的立足点。因此视域概念本质上就属于处境概念。视域就是看视的区域，这个区域囊括和包容了从某个立足点出发所能看到的一切"（伽达默尔，1999：388）。也就是说每个读者都有自己特殊的视域，视域的宽窄是可以改变的，不同视域之间交流之后，视域可以扩展，或者新视域可以得到开辟等等。在理解的过程中，读者和作品的视域融合后产生了很多种情况，一种情况是经历了视域融合后，原作的视域超过了读者的视域，没有融合到一起，从而发生理解不足、误读的现象。第二种情况是经历了视域融合后，读者的视域遮蔽了原作的视域，也就是用读者的视域来影响原作的视域，对原作做过多解释。第三种情况也是理想的情况，就是视域融合到一起，达到相互理解，获得对所述现象和问题等更深刻的认识。一般来说，翻译就是扩大视域的过程，因为在两种文化的交融中，视域的范围得到扩展，概念得到深化。

按照伽达默尔的看法，理解者和解释者的视域不是封闭的和孤立的，它是理解在时间中进行交流的场所。理解者和解释者的任务就是扩大自己的视域，使它与其他视域相交融，这就是伽达默尔所谓的"视域融合"，"理解其实总是这样一些被误认为是独自存在的视域的融合过程"（伽达默尔，1999：393）。视域融合不仅是历时性的，也是共时性的。在视域融合中，历史和现在、客体和主体、自我和他者构成了一个无限的统一整体。视域融合不仅发生在同一文化背景下，也发生在不同文化背景中；不仅发生在同一历史阶段下，也发生在不同历史阶段下，这样使得多个要素都在其中发挥作用，也使得文化生发出更多的内容，作品不断焕发出新生。

翻译的过程就是视域融合的过程，译作的形成经历了两次视域融合。第一次融合中，译者前见的介入使融合所得的新视域不同于原作视域；第二次融合中，目的语文化视域的介入使刚形成的新视域再次变形（朱建平，2009）。在这两次视域中，第一次是由译者的前见决定着视域融合的结果，这其中必然含有译者个体的独特性。比如严复在《天演论》外，最注意的是名学，他觉得名学是革新中国学术最重要的关键，所以他选择了《穆勒名学》来翻译。另外"由于严复在思想方法上认同程朱理学，拒斥陆王心学，因此当他接触到西方经验论与唯理论两大哲学思潮时，立即将它们分别与中国的程朱学派和陆王学派联系起来。他认为中西的唯理论在思想方法上是一致的，就是重视演绎而轻视归纳"（胡伟希，2002），所以他接受和采取穆勒式的经验论的立场，这样的认识和理解无疑会对获取原作的视域有一定的影响。第二次是由目的语的特点决定的，在这次融合中，由于目的语自身对译作形成的限制，所以再次发生了变形。这一问题，以严复翻译 rights 为例，rights 的翻译并不是起自严复，但严复深感译为"权利"不妥，正是汉语中权利一词的内在意义决定的，西方 rights 是一个复合概念，其中包括作为底层意义或深层结构的"直"、"宜"的因素（严复所谓西文亦有直义），也就是后来我们所说的"正义"；同时这一概念也包括表层性的显在意义，这就是古汉语"权利"一词所传达的内涵。两层含义中前者是基础性的，因而是制约性的，是"体"；后者是受制约的，因而是第二性的，是"用"。所以如果选用"权利"，则不可避免地会让译语读者按照其自身的语言的解释去理解。在这种情况下，严复才书文认为翻译成"民直"更合适（邓文初，2004）。

3.1.1.3 存在的历史性

阐释学本是一门研究理解和解释的科学，其最初的动因是为了解释《圣经》中上帝的语言，施莱尔马赫和狄尔泰在神学阐释学和法学阐释学的基础上把阐释学发展成为一门关于理解和解释的系统理论。在海德格尔之前，理解属于方法论的范畴，但海德格尔认为它是作为本体论而存在的。伽达默尔秉承海德格尔的本体论转变，把阐释学发展成为哲学阐释学。按照他的看法，阐释学绝不是一种方法论，而是人的世界经验的组成部分。阐释学从一种技艺发展为哲学阐释学，就在于提出了"理解的历史性"、"效果历史"等重要概念，理解不再只是作为认知的方式去了解世界，而是作为世界的组成部分。伽达默尔"效果历史"概念的意思是指过去和现在之间不停地交互作用；这个过程包括了主体和客体的活动，即作为解释主体的解释者的视域活动与作为被解释的客体的文本的视域活动；在这个过程中，历史传统是一个持续不断的冲动力量和影响力量（赵光武，2004）。

伽达默尔还提出了"时间距离"的概念，伽达默尔从海德格尔关于此在的历史性和时间性的思想出发，形成了这一概念。时间距离一方面可以过滤掉很多"产生误解"的成见，另一方面伽达默尔认为存在的历史性以及读者与文本产生背景之间的时间距离是产生"成见"的重要因素，但这些因素不是阻碍理解的消极障碍，相反，它是理解的一个必要组成因素。后来的理解相对于原来的作品具有一种基本的优越性，因而可以说成是一种完善理解——这完全不是由于后来的意识把自身置于与原作者同样的位置上（如施莱尔马赫所认为的）所造成的，相反，它描述了解释者和原作者之间的一种不可消除的差异，而这种差异是由他们之间的历史距离所造成的（伽达默尔，1986：380）。也就是说时间距离一方面制造着各种成见，这些成为传统的一部分，另一方面又在消除着这些成见，成为理解的一种积极的创造性的可能性。

（一）理解对象的历史性

时间距离不是一个张着大口的鸿沟，而是由习俗和传统的连续性所填满。正是由于这种连续性，一切流传物才向我们呈现出来。理解对象作为历史和传统的一部分为理解者所理解，只有把自身置于这种历史性的视域中，才能真正理解流传物的意义。每一时代都必须按照它自己的方式来理解历史流传下来的本文，因为本文属于整个传统的一部分，而每一时代则是对整个传统有一种实际的兴趣，并试图在这传统中理解自身。对于译学术语这一理解对象来说，概念和语言符号都有历时变化。要想获得对译学术语的理解，首先要明白术语都是处于各自的传统之中，概念和语言符号的变化构成了传统的一部分。也就是说对理解对象的理解不是去寻求本质主义的意义，而是通过理解者所处的传统来呈现。

1. 术语所指（概念）的历史性

正是由于概念具有历史性，所以概念会发生历时的变化，那就是说随着人们认识的改变和加深，概念也会发生变化，一旦使用一个词，就等于打开了它的全部历史，必须细致揣度语义中的"历史流"（Steiner，2001：24）。比如，"翻译"这个概念的发展和变化可以反映出理解的历史性。每个历史时期对翻译的认识都不同，而同时代的人又很难超越这个传统，直到这个传统被打破，进入下一个传统。翻译最初的理解是一种语言的转换，是以源文为取向的，强调对源文本的一种亦步亦趋。如卡特福德将翻译界定为"把一种语言（源语）的文本材料替换为另一种语言（目标语）中对等的文本材料（1965：20）。但随着认识的加深逐渐转向以目标文本为取向的，从忠实于原文转向忠实于读者，如图里（2001：29）声称，翻译是指"在目标文化中被视为翻译的任何一种目标话语，不论其理由如何"。再之后翻译的概念再次发生改变，各个主体之间的关系成为考察、衡量的对象；接着在解构主义理论的支持下既有的概念都遭到颠覆，因为翻译从其本质来说是做不到忠实的，也就是说不论做了多少努力，最后都会有或多或少的改变，从那以后，翻译的概念从技巧上的讨论转为伦理上的一种选择。随着翻译与信息技术的结合、与其他产业的联合，翻译所涵盖的范围越来越广。塞杰（1994：293）指明"翻译是由外在动机推动的产业活动，它由信息技术支持，并随着该交际形式特定的需求的不同而呈多样化"。从以上对"翻译"

这一概念的分析，我们可以看出概念的历史性。

2. 术语能指（语言符号）的历史性

语言符号随着概念的转换也发生着变化，同一概念也会出现不同的指称。比如说，西方译论中的忠实（faithfulness）这个词是普通术语，用以描述按照某种标准，一个目标文本在多大程度上可以被看作是源文本的恰当代表。然而部分是因为该术语存在的模糊性，部分是因为该术语涉及感知上的主观情绪（Sager，1994：121），这些年来，它已被 equivalence 等概念所取代。而后面这些概念在很多方面也正依次让位给那些不太依赖此类概念的方法论（见 Snell - Hornby，1988/1995：13～22）。当代学者以各种且常常是创新的方式使用这些术语。比如对奈达和泰伯（1969/1982：201）来说，忠实是达到动态对等文本的特性，一篇忠实的译文能够"在接受者心中激起的反应基本上等同于原文信息接受者表现出来的反应"。波波维奇使用忠实这一概念是为了证明译者使用转换（shift）是正当的。最后，Frawley（1985）提倡放弃"忠信"及"好译文"、"坏译文"这些概念，他建议用"适度翻译"与"极端翻译"这样的对立概念来取代"忠实"与"自由"两分法。

再比如，"翻译主体"这一中文名称在历史上发生过巨大的变化，象胥、寄、象、译、舌人、译长、译使、通事、狄鞮、唐舶、蒲叉都曾指称翻译主体。"舌人"指古代司通译之官，《注》曰："舌人能达异方之志，象胥之官也"；象寄指从事翻译的人，"象寄"两字源于我国远古文献的记载，《礼记·王制》云："五方之民语言不通。嗜欲不同。达其志，通其欲：东方曰寄，南方曰象，西方曰狄鞮，北方曰译。"这就是说，"寄"是翻译东方民族语言的官员，"象"是翻译南方民族语言的官员，"狄鞮"是翻译西方民族语言的官员，"译"是翻译北方民族语言的官员；"译师"是指历史上对藏族翻译家的称谓；"译经家"指的是中国翻译史上的佛经翻译者。可见，这一相同的概念出现截然不同的指称。

（二）理解者的历史性

我们自身作为历史存在的本质。所谓历史地存在，就是说，永远不能进行自我认识。我们永远不能跳出历史来看待历史，永远是历史的一部分。理解者和理解对象都是历史的存在，文本的意义是和理解者一起处于不断的形成过程中，伽达默尔将这种过程历史称为"效果历史"，也就是说理解者处于历史之中，必然受到历史传统的制约，所以每一代的理解者都只能产生那个时代特有的理解。比如 adaptation 传统上用来指采用特别自由的翻译策略而作出任何目标文本的术语。该术语通常意味着对文本做相当大的改动，以更适合特定读者或特定翻译目的。人们往往从规定的角度来审视这种现象，许多评论都是负面的。例如，奈达与泰伯将改编等同于文化翻译（Nida&Taber，1969/1982：134），他们从论述《圣经》翻译的角度指出，改编是不忠实的。之后，巴斯内特（1980/1991：79）从不同的角度来审视，她在谈论文学翻译问题时指出，大量的时间和笔墨都浪费在"试图区分翻译、译本、改编以及在这些范畴当中建立一种度量'正确'的层级"上。图里像巴斯内特一样，也从非规定性视角审视这一现象。他认为，上述那种规定性译论说明的是"先天命题的，因而也是非文化的、非历史的"，用来解释翻译的区分方式（Toury，2001：31）。adaptation 的概念从规定性到描写性，从不能认可到逐渐认可可以说明理解者对这一概念的认识发生了很大的变化，理解者正是从他们的历史传统出发来理解这一概念，并形成自己的认识。

3.1.2 概念旅行目的地的接受条件

概念跨过一段距离来到另一个空间，在这个空间里它遇到的是与概念产生时的语境大相径庭的地方，这里有不同的语言、不同的思维模式、甚至是不同的政治文化图景等等，那么在这样的环境中，它是否能接受他的本来面目，又是否会遭受到一系列的变化，从而改头换面朝着另一个方向发展下去？目的地的接受条件直接决定着概念能否在新的土壤里生根、发芽和成长。在目的语的接受条件中，目的语的语境、意识形态、文化以及语言等各种因素决定了术语或概念会有各种不同的遭遇，比如误读、排斥、篡改以及有选择的接受等等。

3.1.2.1 目的语的政治图景

目的语的政治图景主要是由语言地位、权力话语和意识形态等因素所决定的，这些因素决定了选取什么样的材料进行翻译，翻译作品会呈现什么样的形式等等，比如 Jacquemond（1992：155）通过分析阿拉伯文学在法国的翻译和法国文学在阿拉伯国家的翻译，认为西方文化霸权存在于两种语言的翻译实践中，在殖民时期，从霸权语言到从属地位语言的翻译中译者是仆人的角色，从从属地位语言到霸权语言时，译者是权威者的角色。在后殖民时期，从属地位的语言对新殖民语言文化霸权的抵抗使得翻译活跃在"西方主义"框架下，体现为在翻译之前，过滤作品来决定西方知识生产引入的有效性；在翻译过程中，译者挪用霸权语言文化，使其在从属地位语言中自然化。中国翻译史出现了三个主要阶段，这几个阶段都与中国当时所处的政治图景有很大关系，每一次都给翻译活动带来深远的影响，为翻译对象的最后形式打上了深深的烙印。第一次是佛经翻译时期，翻译的主要目的是传播佛经、广证佛法，同时因为原来不求甚解，希望更准确地阐释佛经，所以佛经翻译经历了"外国人主译期，中外人士共译期，和中国人主译期"（王克非，1997：14），所以当时从广泛采用格义的方法，也就是用目的语中的名词和术语来比附佛经中的术语，到佛理探究，直到最后完全摒弃格义的各种形式；第二次是明末清初时期，中国社会内部的图变需求使天主教能够披着"学术外衣"顺利进入中国，当时从西方来传教的传教士比如利玛窦绞尽脑汁，采用了本土化的方法使得自己被接受；第三次是近代，这个时期由于中国当时的社会状况，急于从西学中获取技术和知识，从而使国家富强，这时候对外来的小说、学说和理论在处理上就大有不同，例如晚清时期，面对列强入侵、外族统治，当时的文人志士充分发挥小说的政治教化功能，不少本来政治色彩较淡或甚至毫无政治色彩的外国小说，在译介到中国时，都被加以一种"政治性阅读"（王宏志，2000：7）。

3.1.2.2 目的语的文化图景

目的语的文化图景既包括文化的因素，也包括语言的因素。每种语言都有其自己的文化传统、哲学传统和学术传统，这些都影响着对一个概念或者一种理论的理解和阅读。这也就是说目的语的传统会导致过滤、篡改、误读等等现象的发生，由于不同的文化和语言所产生的视域不同，这些充分（或部分）移植过来的（或拼凑起来的）概念在某种程度上被它的新用法，以及它在新的时间和空间中的新位置改变。就文学作品来说，斯坦纳认为，对一个文学文本进行持续不断的误读或者模仿性的演出会产生该文本另一种可能有效的"意义"。既然文学的主要价值在于其隐喻性和（或）非推理性，后世的解读可以说就形成了一种自然的变异，并籍此确保文本具有持续的生命力（转引自廖七一，2001：76）。而对于概念和理论来说，同样如此，所以出现了我们文化中的"道"与西方理解的"道"意义不尽相同的情况，西方的康德哲学与我们理解的康德哲学有所偏差。尽管有时是一种变异现象，但也会延续理论的发展和文本的生命力。就中西两种文化的起源来说，在轴心时代，中国有儒家和道家的学说作为支撑整个中国文化的思想体系，而西方则是柏拉图和亚里士多德提出的哲学理念指导着西学理论的发展，从这个起点起，中国就与西方有着明显的不同，之后中国和西方文化按照自己的关注点进行发展（冯波，2003：176~177）。

西方的很多思想、文化在经过旅行来到中国语境后由于文化传统的不同而被加以修改，不再是原汁原味的内容。中国文化传统与西方文化传统大相径庭，两者走过的历史道路有所不同，就"个人主义"这个术语所称谓的概念来说，西方文化传统更加强调个人主义，崇尚个体的感受、极为重视个人的自由，而中国的文化传统则更加注重集体，集体的利益高于个体的利益，个体是集体的组成部分，是民族群体中的构成部分，而不是超越于社会的独立个体。这样一种民族的集体无意识影响了人们的思想，影响了对西方个人主义的理解和发挥。研究表明，近现代以来，来自于西方的中国个人主义在中国的历史语境中也得到了改造。"五四"时期的个人主义被区别为"小己"、"大己"（高一涵）、"小我"、"大我"（胡适），代表个人的前者被认为应该从属于代表社会的后者。郁达夫在《沉沦》中则将个人的情感与民族国家的强盛逻辑性地联系在一起，也体现了现代中国个人主义和自我意识的独特性。在翻译界，由于文化图景的不同，不同翻译理论的引入和使用也产生了同样的效果。比如，基于圣经翻译而形成的等值理论以及后殖民主义翻译理论都在某种程度上受到中国传统翻译理论模式的约束和阐释。

3.1.3 翻译延异

3.1.3.1 意义的开放性：古与今的对话，读者与文本的对话

理论的跨时空旅行意味着经历时间的穿越和空间的移动，也即意味着翻译时意义上的延异，在历时方面，理解的历史性意味着理解者和理解对象的历史性，体现为译学术语所称谓的概念和语言符号随着时间的变化而发生着变化，而两者的变化会导致理解难度的加大，这也是古今发生对话的原因，也是文本不断生成意义的过程。对本族语过去的文学作品要想彻底弄懂，就要从多方面加以理解。在大多数情况下，人们不大这样做，甚至并没意识到需要这样做（Steiner，2001：18）。如果没有经过文化之间的跨越，只是在一种文化语境中穿越历史，那么中国的训诂方法正是研究古今对话的一门学科。训诂学是研究中国传统古书中词义的学科，是中国传统的语文学——小

学的一个分支。它从语言的角度研究古代文献，帮助人们阅读古典文献。根据文字的形体与声音，以解释文字意义的学问。训诂学是研究中国古代文字的学问，其中训诂学原理可以用来研究术语意义的变迁。这种以今释古的方法与西方的诠释学有相似之处，但训诂学更加注重的是一种解释的方法，虽然训诂学没有阐释学那样上升到形而上学的地步，但是训诂学反映了中国古人对文字的一种理解、一种认识，这种认识就源于对语言的不可靠性所做的论断，并且也反映出语言与时间的关系。"语言产生和存在于时间之中。语言行为可以用时间来衡量，时间可以看成是语言的一种功能和语言的参照系"（Steiner，2001：18）。除了在一种文化语境的时间穿越，还有在两种文化语境的时间穿越，而第二种情况更加复杂，但追溯历史渊源、探寻历史踪迹仍是研究的主要方向，在此基础上方能进行更进一步的理解。这种观点和做法也受到其他作者和哲学家的追捧，荷尔德林认为任何书面的东西都是对某种暗含语义的翻译。和海德格尔一样，他想根据词源来重新解释词的意思。他企图"打开"现代的词汇，以发掘它们根本的含义。他不仅试图往上追寻到源语的源泉，而且希望找到人类言语的根本动力（廖七一，2001：117）。

根据现代阐释学的观点，现代学者与传统译学文本和西方译学文本进行对话的时候，不是在与作者对话，实际是在与文本对话。文本的意义是由文本提供，而不是由作者提供。文本是开放的，给读者留下很多的阐释空间，所以研究者对文本的阐释过程是一个无穷尽的对话过程。"这里的文本必须作为解释学的概念来理解，不从语法与语言学的角度看待文本，不把文本视为与文本可能有的任何内容相脱离，也就是说，不把它看成是一件成品，它的生产是分析的对象。这种分析意在解释允许语言作为语言发生作用的机制。从解释学的立场亦即每一位读者的立场出发，文本只是一个半成品，是理解过程中的一个阶段，并且作为一个阶段必定包括一个明确的抽象，也就是说，就是在这一阶段中包含的分离与具体化"（伽达默尔，2003：60）。

罗兰·巴特（1989：58～59）在其"从作品到文本"一文中表明进入阅读过程之后作品就成为了文本，而文本就是不可还原的复合物和一个永远不能被最终固定到单一的中心、本质或意义上去的无限的能指游戏。对于伽达默尔来说，一部文学作品的意义从未被其作者的意图所穷尽，当作品从一种文化语境和历史语境传到另一文化历史语境时，人们可能会从作品中抽出新的意义，这些意义也许从未被其作者或同时代读者预见到。对一部过去作品的所有解释都基于过去与现在的对话（Eagleton，2007：61～62）。对母语文本的阅读、理解和阐释是对话的过程，对非母语文本的阅读、理解和阐释也是对话的过程，后者比前者有更多的异质性和语言的中介。在译者与文本进行对话的过程中，在问与答、给予和取得、相互争论和达成一致的过程中实现一种意义交往，这一点正构成对话的特征。也就是说，文本的"提问就意味着开放。问题的开放性在于回答的不确定"（Gadamer，1975：309）。如果我们把理解看成是视界融合的过程，那么这个过程也可以看作是问与答的对话或谈话，所以解释学包含了问答的逻辑。"某个流传下来的文本成为解释的对象，这已经意味着该文本对解释者提出了一个问题。所以解释经常包含着与提给我们的问题的本质关联。理解一个文本，就是理解这个问题"（Gadamer，1975：475）。在解释学中，问题是处于优先地位的，根据哲学解释学的基本观点，理解和解释无非就是问题与回答，这种问题是在读者与文本交往的过程中产生或唤起的，哲学认识作为一种理解活动永远是对问题的再认识或再回答，而且是一个循环往复的无限过程，它体现为一种效果历史，从属于解释学所揭示的理解的问答逻辑。"在这里，语言的提问与语言的多种可能性的敞开相互缘起。虽然我们无法完全摆脱偏见去进行理解，但合理的偏见与非合理的偏见是可以在无限的语言的问答过程中得到厘清的，因为提问和回答也就是辩证法的本义，它通过揭示矛盾，在去蔽的过程中走向事情本身"（何卫平，2007）。

3.1.3.2 目的语的接受情况：差异、断裂与抵制

术语从一种历史文化语境进入到另一种历史文化语境之后，能指与所指发生了脱离，能指与所指的关系发生了变化。能指在到达目的地后以新的形式、新的面貌呈现，目的地则以三种方式表达它们的认同方式：差异、断裂与抵制。这些认同方式也可以说是翻译延异的一种体现。

（一）差异

差异指的是术语的所指发生变化，当它来到目的语的语境之后，发生了一系列的变化，从而使它不同于原来的术语。这种差异的产生是概念来到目的地后发生的。差异是一种普遍的形式，但也可分为，语词上的差异产生的能指游戏和本质上的区分。能指游戏是由语言本身的模糊性所造成的，而本质上的区分则是由于对内涵不能完全认同，从而对其所进行的一定程度的修

改。比如中国学界引进西方形式主义的目的是为了冲击中国内容至上的社会学批评倾向，获得形式批评的方法，但西方形式主义对历史、作者的彻底遗弃却又让深受传统制约的中国学者难以认同。袁可嘉在一开始介绍形式主义文艺理论时，就批评它们只讲系统内部的关系而忽视系统与外部关系的倾向。后来中国学者在论述西方形式主义的时候，不约而同地重复着这一批评。中国当代的形式批评往往一方面借鉴西方形式主义的分析方法，另一方面却并不放弃作者及社会历史的维度（转引自赵稀方，2003：89）。

（二）断裂

断裂指的是概念发生了一种扭曲，离开了原来的生成土壤，而又无法与目的语的文化传统相衔接，这种情况通常发生在源语和目的语的文化传统差异较大的情况下。后殖民理论是以德里达的解构主义和福柯的话语理论为基础的，旨在解构西方霸权的文本系统，揭示隐含于西方历史知识中的权力结构。萨义德揭示了东方学知识与帝国主义强权的牵联，却没有简单地把西方/东方、压迫/被压迫简单地颠倒过来，制造新的二元对立，因为这样正好沿袭了殖民者的逻辑。在译界，韦努蒂的"异化"理论最初引入中国时，由于缺少后殖民背景，由于中国译学传统中的"直译"、"意译"概念的深远影响，而更多地把它作为"归化"的对立物表示。经过一段时间的论证之后，"异化"的概念逐渐清晰，这一概念并不单纯指语言之间转换的技巧，而更多的是在文化上采取的抵抗策略，作为反殖民的一种手段，所以说，这个概念在引入的时候就发生了断裂。

（三）抵制

抵制的表现形式很简单，指的是对那些与目的语文化传统相悖的概念采取不予接纳，加以排斥的做法。在引进新的翻译理论概念的时候，对与自己文化传统和译学传统相符的概念加以吸收，而对那些新的理论和概念视而不见，没有产生相应的影响，或者有选择地引入介绍都是抵制的形式。韩子满（2005）曾指出到目前为止，介绍到国内并产生较大影响的其实都是与传统译论有相似之处的译论，真正在研究视域及方法上都不同于传统译论的理论还没有进来。国内翻译界所接受的多是西方语言学或语文学派的译论，这些译论强调的是如何译出令人满意的译文来，基本上都可看作是翻译的标准论，而且都是原文取向的，与传统译论基本合拍，因为"我国的传统翻译学其实是以'忠实'为目标的应用翻译学"（张南峰，1998：29）。从这些分析中我们不难看出这样的一种取向，即这种取向与目的语的政治文化语境密切相关。

术语进行时空旅行，穿越了空间和时间来到一个新的地方，之后发生所指破裂、能指断裂的现象是语际翻译的一种必然。解释学研究依据的事实是，语言总是落后于自身，并落后于它最初提供的语词表述层面。语言似乎并不与在语言中表达的东西相符合，并不与用语词阐述的东西相符合。解释学为这样的现象提供了一种解释方法，通过解释学的几个核心概念"效果历史"、"视域融合"、"理解的历史性"的运用，我们可以更好地理解这一现象。同时我们也可以对西方译学术语来到中国后发生的翻译延异，以及由于目的语的接受条件共同形成的差异、断裂和排斥现象形成一定的认识。

3.2 概念转换方法

"区别一个句子所表达的思想之物与这个思想所附带的东西，对逻辑最为重要。……尽管人们能够以不同的语言表达不同的思想，但是心理的附属物、思想的外壳常常是不同的。……由于思想有不同的外壳，我们就要学习把思想的外壳与其内核十分清楚地区别开来，而在单一一种语言中，这种外壳和内核是融为一体的"（弗雷格，1994：198~199）。

这段引文可以有两种完全不同甚至是矛盾的理解：第一种理解即"语言是思想的外壳"这一观点，即费雷格心目中的"翻译"就是去掉"思想"的"语词性"过程；另外一种理解则是在表明"概念"和"语词"之间不可分割的关系，即现代解释学的"概念栖息于语词之中"。本研究认同第二种理解，认为概念的转换不可避免地离不开概念的附着物，即使是术语也不例外。在两种文化进行碰撞的时候，在概念进行转换的时候，通常会出现很多不能完全对应或者是没有对应的情况，这时就会出现不同的概念转换方法，产生不同的效果。

3.2.1 概念在不同语言中的对应情况

当两种语言中的概念进行比较的时候，通常会出现以下四种情况：同一关系、交叉关系、从属关系和全异关系。

第一种，同一关系指的是两个概念完全相同。这种情况通常是概念所称谓的对象完全相同，或者是那些具有普遍性和通约性的概念，不会因为语言的不同而产生不同的理解。比如，在翻译研究中，source language、target language 这些概念与中国译学中的源语/原语、目的语的概念是相同的，不会产生歧义和误解。

第二种，交叉关系指的是概念在两种语言中有重合的地方，但也有区别。比如，译学术语中的"直译"这个概念，在中国译学中，主要指的是与意译并列的一种翻译方法。一般认为，译文形式与内容都与原文一致谓之直译；亦即以原文形式为标准，依样画葫芦的是直译，而并非指的是只要一字一字地将原文译成汉语（方梦之，2004：92）。而西方译学中对"直译"这个概念有时认为是包括了与之相关的词对词翻译（word for word translation），这种词对词的翻译也有用武之地，或者如纳博科夫认为，它"在另一种语言的相关能力和句法能力所允许的范围内尽可能贴近地翻译原作的确切语境意义"，并认为只有这种翻译是本真翻译（转引自 Shuttleworth & Cowie，2005：129）。沃尔特·本雅明（Benjamins，1992：73）从更为哲学的层面上论证，语言的亲属关系更清楚地表现在字面翻译的方法上。

第三种，从属关系指的是其中一个概念包含另一个概念。比如 borrowing 这个词，在《翻译研究词典》中，"借用"被定义为直接翻译，在这种翻译中源文本成分被"平行"的目标语成分所替代。它只将源语词转移到目标文本，而无须作出任何改动（Shuttleworth & Cowie，2005：23）。而 borrowing 在中国语境中指的是借用外来语引入的词、短语以及各种表达方法。通过仔细对比中英两种语言中的使用，我们发现 borrowing 在英文中的涵义更加具体，而在中文中则宽泛得多。

第四种，全异关系指的是这一概念在另一种语言中没有。中西两种语言和文化的异质性导致有些概念在其中一种语言中是没有的。比如 deconstruction 这个概念在中国是没有的，在其引入之后，一方面是对既有的思维发生了剧烈的颠覆，另一方面至少在一定时间内对其理解往往不能得其要领，因此难以找到合适的词来表达。再比如，钱钟书的"化境"的这个概念，这个概念尽管有译名 sublimation，但实际上这个概念含有深厚的中国古典文论背景，在西方译学中并没有类似或相同的概念。

3.2.2　概念转换方法

术语和概念是进行学术研究和交流的关键词，不同文化的交流就是在进行一种观念的碰撞，概念的互动和更新，那么如何进行概念转换呢？采用不同方式转换所起到的作用和达到的效果是完全不同的。

中国译学术语在形成的过程中，出现了同一术语有多个译名的情况，一方面是因为译者对术语的理解不同、认识上的差异所致；另一方面，则是因为不同的概念转换方法产生了不同的译名。比如说，rewriting 有的翻译成"重写"，有的翻译成"改写"；dynamic equivalence 有"动态对等"和"灵活对等"多个译名；semantic translation 被译成"意义翻译"、"语义型翻译"、"语义翻译"。

历史上，往往利用汉语的特点如偏旁及同音异义词创造新词或现成的汉字重新组词。在方法上主要有音译、意译和音译兼意译。汉语的会意特点决定了在采用族外文化中的新词时总是倾向于意译，而少于音译，对音译的择字往往也有意义上的要求（张沉香，2006）。当然如果能够做到音译和意译相结合自然是最好，比如 meme 这个术语，meme 是由一个个体（人或动物）传给另一个个体的认知或行为模式（cognitive or behavioral pattern），它存在于个体的记忆中，是文化的基本单位。译名有模因、摹因、密母三个。王斌（2004）认为密母是由基因而来：基因（gene）是生物遗传与变异的基本单位，密母是文化传播与嬗变的基本单位；基因既是音译又是意译，乃基本因子之意，密母模仿基因的翻译而来，也是音意结合的翻译，是文化传播的母体。

意译的情形也很复杂，它具有若干种不同的形式。下面我们对意译方法进行了详细的划分，即格义、引申法和造词法，并对这些方法进行了条分缕析的阐释。对这些方法的评析，可以更加清晰地看到中国当代译学术语的现状。

3.2.2.1 格义法

（一）格义的含义

当佛教传入，很多佛家弟子发现翻译佛经实属不易，比如支谦曾说"又诸佛典皆在天竺。天竺言语，与汉异音。云其书为天书，语为天语。名物不同，传实不易"（罗新璋，1984：22）。格义的方法之所以在佛经翻译时采用，因为当时佛经传入中国，中国没有产生佛教的背景，很难理解在语言、文化和佛理上有差别的佛教。

从时间上的发展脉络来看，"格义"之事，汉末魏初便已出现，道安之前即已流行。从方法上看，依慧叡之说，"格义"在汉末魏初当与"配说"相类，所谓"恢之以格义，迂之以配说"（僧祐，1985：234），然而"配说"具体指的是什么，慧叡也没有说明。对"格义"方法唯一进行详解的是法雅，梁代慧皎所撰的《高僧传》中说到："法雅，河间人，凝正有气度。少善外学，长通佛义。衣冠士子咸附谘禀。时依门徒，并世典有功，未善佛理。雅乃与康法朗等以经中事数拟配外书，为生解之例，谓之格义。及毗浮、昙相等，亦辩格义以训门徒"（慧皎，1992：347）。"经中事数"是指佛经中的名词概念，如五蕴、四缔、十二缘生、五根、五力、七觉等等；"拟配"，即是对比，即用原有中国的观念对比外来佛教的观念。

据汤用彤（1995），格义者何？格，量也。盖以中国思想比拟配合，以使人易于了解佛法之方法也。亦曰："'格义'是用原本中国的观念对比（外来）佛教的观念、让弟子们以熟习的中国（固有的）概念去达到充分理解（外来）印度学说（的一种方法）。"

（二）格义方法不同时期的运用和演变

格义方法并不是只在佛经翻译时期使用，其后也经历了变异和发展，在历史上不同时期的体现方式有所不同。根据王晓冉的分类，这一方法在历史上可分为四个时期。

1. 佛经翻译时期

在佛经翻译时期，格义方法经历了一系列的演变，经历了从使用到最终放弃的全过程——最初是两个概念进行比附，继而看到格义方法存在缺陷，从而转向对佛理的探究，直到最后对格义方法的摒弃。

起先，早期译经时往往从当时流行的道家和儒家著作中寻找哲学名词、概念来介绍佛学的名词、概念。最早的佛典翻译家是汉魏时期的安世高、支谦、法护等。安世高所译经论主要内容是传播小乘佛教的基本教义与修行方法，由于他通晓华语，故译文比较能正确地传达出原本意义，说理明白，措辞恰当，不铺张，不扭俗，恰到好处。但安世高译的经，常常运用汉人习用的观念和概念，如以"元气"为根本，说"元气"即"五行"、"五蕴"，还用"非常"、"非身"等概念译述"诸行无常"、"诸法无我"等佛学概念，很明显都是借用的道家语言，而具有"格义"的倾向。三国时期的康僧会借用中国传统的儒家经典和天人感应论解释佛教教义，进而把"儒典之格言"同"释教之明训"等量齐观，把佛教的"幽远"当做周礼名教的补充，希望当权者以孝慈仁德训世育物。这实质上是把儒佛思想融合在一起的重要尝试（任继愈，1981：180）。

然后，到了东晋，以道安等为代表的僧人已经洞悉到格义方法在翻译佛经中所表现出的不够确切性，从而开始探究佛学的意义网络，寻求更深广的融合。这一时期的格义表现为大量佛学论著的出现，虽然在论述中仍旧使用了中国现成的术语和观念，但已开始转向以当时的时代思想倾向解说佛理，具有独特思维。道安虽然在这时已意识到"先旧格义，与理多违"（慧皎，1992：194），对格义的方法表示不满，但他还是允许其高足弟子慧远讲解经论时可以引用《庄子》等书来触类旁通说明事理，而且事实上，在解释佛理的时候，他也不可避免地运用了老庄哲学的名词术语及思想方法。当然，这时的格义，已不完全是名词概念的比附，而带有对佛学理解后的解释。可以说，这时的格义有了新的发展和新的意义。般若学"六家七宗"的形成，反映了中国佛教哲学发展的历史轨迹。虽然各家的解释已经比前期的纯粹概念、词语的比附有所进步，有了经过自己体会进行的解释和融会，但是这些解释还是太具玄学化色彩，不完全符合大乘佛教般若学观点。

最后，鸠摩罗什则更说："但改梵为秦，失其藻蔚，虽得大意，殊隔问题，有似嚼饭于人，非徒失味，乃令呕也"（慧皎，1992：53）。因此他鉴于先前所译经文"多滞文格义"、"不与胡本相应"，提出在忠实于原文的基础上采取达意译法，使中土诵习者能够接受和理解。他翻译了大量经文。此后，翻译进入了一个新的水平，不仅仅是概念语言的格义对应，而是与音译相结合，在完整理解佛学原意的基础上，按照中国的思维习惯创造出新一轮的翻译方法，使其既具有中国特色，又使佛教理论本身有大的发展。

所以，在佛经翻译阶段，格义方法的使用经历了从最初的使用，到有所改变直到最后的抛弃三个阶段。格义方法在应用之初，使用格义方法的大多数是中国本土的佛家弟子，或者是外来的佛家弟子，他们对中国经典的掌握和运用是比较熟悉的，比如安世高和康僧会等等，但对佛家的义理还不够了解。之后是研究佛教义理的时期，及至后期的外来佛家弟子鸠摩罗什，那个时候他们已经能熟悉知晓中国的经典和佛教，所以对两者的互相转换达到了一种交流和融通，从而彻底抛弃了格义方法。

2. 景教时期

景教是基督教的分支，当时的传教士也是采用格义的方法，用儒释道的名词概念去比附基督教的术语，正如刘振宁（2007）在《"格义"：唐代景教的传教方略——兼论景教的"格义"态势》一文中所说的那样：

> 如此众多而又纷繁复杂的释道儒语汇，无不清楚地表明，唐代景教的全部汉语文典，无一没被烙上佛道儒各家思想底蕴的印记。换句话说，景教经文的里里外外无不承载着本土文化的影响，无不呈现出一种拟配本土文化的态势……神"似"上一方面袭取国人耳熟能详的儒道释典籍中的众多概念与术语，另一方面竭力附会佛理、道观以及儒学思想，努力作了本土化的表述……而国人透过文本所能读到的，是由佛道儒耶多元文化因子熔铸而成的，以"格义"为其本真的文化身份。

景教在中国唐代流传的时间非常短，从上面的评述中我们看到景教的教义在过度"格义"的情况下已失去其本来面目，从而成了佛道儒耶多元文化的融合体，不具有自身的独立性，也就失去了自身的文化特色，这样的情况使得景教无法传播下去，从而慢慢消亡。这一时期格义的过度使用使得一种文化因子完全代替了另一种文化因子，从而使得异族文化不再具有自己的特点，形式与内容脱离，从而也就失去了生命力。

3. 明末清初时期利玛窦

明末清初时期，很多传教士来到中国，一方面他们做了很多科技翻译，另一方面他们也积极努力地把基督教传到中国，利玛窦就是其中非常著名的一位。侯外庐（1992）在《中国思想通史》中指出，利玛窦等耶稣会士一直在进行"合儒"、"补儒"、"益儒"、"超儒"的工作，1592年起，他根据瞿汝爱的建议，放弃僧服，改着儒装，引用儒家思想，论证基督教义，刊《交友论》、著《天主实义》，俨然一个洋儒。利玛窦深知要在中国传教，让中国人对天主教有所了解，就需要从儒家典籍里寻找根据来"附会中国古代的'天'即基督教的天主"。因此，他们改变了原有的"天"，改而给予中国原有的"天"以天主教的意义。如见利玛窦《天主实义》一文：

> 吾天主，乃古经书所称上帝也。《中庸》引孔子曰："郊社之礼，以事上帝也"。朱注曰："不言后土者，省文也"。窃意仲尼明一之以不可为二，何独省文乎？《周颂》曰："执竞武王，无竞维烈，不显成康，上帝是皇"。又曰："于皇来年，将受厥明，明昭上帝"。《商颂》曰："圣敬日跻，昭假迟迟，上帝是抵"。《雅》

云："维此文王，小心翼翼，昭事上帝"。《易》曰："帝出乎震"。
夫帝也者，非天之谓。苍天者抱八方，何能出于一乎？……历观古
书，而知上帝与天主，特异以名也。

这里把天主教的天主比附成中国的上帝，并且从《中庸》、朱熹、《周
颂》、《商颂》、《雅》、《易》中所谈到的上帝之处来说明二者乃特异以名
也，但众所周知，天主教的天主与中国原有的"上帝"实际上有很多不同
之处，中国的上帝指的是传统意义的"天"，而天主教的"天主"则是天主
教所崇奉的神，认为是宇宙万物的创造者或主宰者，但是利玛窦为了让中国
民众更加容易地接受天主教，从而赋予了"上帝"以天主的含义。

4. 清末梁启超、章太炎等

清末时期，梁启超和章太炎两位学者都采用了格义的方法来引入外来的
学术和思想。梁启超说："案康氏哲学，大近佛学。此论即与佛教唯识之义
相印证者也"（梁启超，1989：51）。所谓以康德学说与佛学（尤其是佛教
唯识之学）相"印证"，也即是依据佛学"格义"康德学说，以佛学的思维
架构和义理系统契接康德的哲学思想。章太炎也有同类型的"格义"出现，
如翻译康德的"物自身"为"物如"，并进一步"格义"为佛教唯识学的
"真如"（程恭让，2001）。

在这四个时期中，其中佛典翻译时期和清末时期都是本土译者为了吸收
外来学说所采用的概念转换方法，而景教和明末清初时期则是外来理论学说
为了得以接受而采取的一种姿态和方法。就其接受情况来看，除了景教时期
之外，其他三个时期尽管存在或多或少的问题和不足，但至少都实现了一定
程度的对话和交流。

（三）格义方法评析

当一种外来学说或者理论进入异域文化时，必然要考虑本地的文化和语
境，为了让其得以理解和传播，那么去寻求异域民族熟悉的经典和名词来进
行比附是一种权宜之策，也就是说格义的方法是一种当时历史语境下的必然
选择。

显然，格义方法具有以下三个方面的缺陷：首先，与佛教原来的义理相
违，出现偏离。它是用中国传统经典的儒家和道家名词术语和概念来比附佛
教术语。所以僧睿在《毗摩罗诘提经义疏序》中说"格义迂而乖本，六家
偏而不即"（僧祐，1995：41），即把般若学的分化和未达般若学本旨而玄

66

学化归罪于"格义"。由此，格义方法使得般若学没有完全获得佛教义理，从而出现了重要的偏离。道安和鸠摩罗什都对格义的方法进行了批评，道安曰："先旧格义，于理多违"；鸠摩罗什指出佛经翻译的格义方法存在着问题，"自大法东被，始于汉明，涉历魏晋，经论渐多，而支竺所出，多滞文格义。（姚）兴少达，崇三宝，锐志讲集。什既至止，仍请入西明阁及逍遥园，译出众经。什既率多谙诵，无不究尽，转能汉言，音译流便，既览旧经，义多纰僻，皆由先度失旨，不与梵本相应"（僧祐，1995：52）。

第二，格义方法寻求共性，忽视差异性。这种方法忽视不同理论产生的背景差异，所以容易产生理解偏离的现象。比如说佛教般若学中谈到的"空"和"无"与道家谈到的"空"和"无"是有本质区别的，虽然般若学也说空论无，但佛教的"空"和"无"是"因缘生"的意思，强调因和果相依相存，重在认识论；而老庄哲学里的"无"、"本无"，是指宇宙的本源或本体，是"道"的一部分，它能够做天地之始，万物之源，比如"道生一，一生二，二生三，三生外物"，重在本体论，两者是完全不同的。

第三，"格义"作为一种言说方式的存在抹杀了外来学说的文化身份。主要体现在用中国哲学来言说外来学说或理论，也就是我们用自己的文化语言系统来解说外来的学说或理论（张舜清，2006）。这种方法的使用以外来学说融合进本土学说为最终结局，虽然这是一种扩大自我视野、发展自我学说的途径，但这样的言说方式去掉了外来学说的外壳，抹杀掉了外来学说的异质性，过度的使用就是对外来学说的一种吞食和消融。

格义方法是从本土的思想中去寻找与外来学说相通的概念，这本身来说就是一种交流，在交流的过程中有时由于加入自身的理解而使得理论可以更深入，或者有新的发展。比如由于格义方法的使用，佛教在中国的发展并未按着佛教本来的面目去发展，而是产生了佛教的中国化。究其原因，一种学说之所以能够在异域文化中生存下来并有所发展，有时是因为它符合了当时的那种历史语境，符合了文化上的一种需求。"格义"方式的翻译，对两晋时代的佛教义学发生了深刻影响，因为尚玄想、重思辨的般若学在一定程度上能满足士大夫们谈玄说空的需要，因而在包罗万象、千头万绪的佛教学说中受到了中国士大夫们格外的青睐。般若思想在中国传播越来越广。东晋之初更蔚然形成士大夫阶层的普遍思潮，对般若的解释按照不同的理解，也出现了分化倾向，后分为六家七宗（何锡蓉，1998）。文化从一个语境到另一个语境后会发生裂变和延异，佛教的中国化就是这些情况中的一种。这种情况说明有时是因为两者在认识和理解上有很多不一致的地方，有时则是因为中国学者对其进行了发挥和发展，当然这些发展和变化如果不是源于对般若学存在的误读，那就是一种创造性的"误读"。

格义方法由于存在明显的不足，已渐渐不再充当沟通与交流的主角，但在进行文化交流和学术交流的时候，这种比配概念的方式仍然时有发生，这种以中格西的方法仍深刻地扎根在人们的思维模式中。在西方译学进入中国的时候，有的学者就如严复对待西学的态度一样，思想的出发点是建立在"西学源出中国说"这一观念基础之上，或者说中国也拥有同样的概念和理论，依然坚持以中国传统学术为本位，所以从中国译学中去寻找类似的概念进行拟配。这样在译学概念进行转换的时候，其实在很多情况下无意识中还是使用格义的方法，比如现为中国学者诟病的用直译、意译来理解归化、异化，我们不得不说他们实际上就是用了格义的方法。也就是林克难（2001：14～16）所说的，人们往往用传统的观点去理解（或者说曲解）国外译论中的术语，用中国传统的翻译观去套译国外翻译理论研究中新出现的一些术语。结果是，引进的理论变了形，被中国传统的译论同化了，起不到拓宽视野的作用，中国的翻译理论研究始终在原地兜圈子，慢慢地、慢慢地便陷入了相对沉寂期。

3.2.2.2 引申法

引申的意思是通过引申已有相近术语的含义进行翻译。在译介引入的外来术语时，在缺乏匹配术语而无法直译的情况下，往往可以通过意义引申使得意义大体一致的中国本土术语成为外来术语的译名，这种方法在无形中使得相关术语发生了不同的变化。

第一种变化是翻译之后中国原有术语的外延扩大了。例如把"rewriting"翻译成"改写"，"改写"在《现代汉语词典》中有两层意思：①修改：论文在吸收别人意见的基础上；②根据原著重写。"rewriting"是文化学派的一个主要术语，在文化学派看来，一切翻译都是改写，"包括翻译在内的一系列过程，可以说，这些过程以某种方式对源文本进行重新解释、改变或操纵"（Lefewere，1985/1992）。这样，原来的改写含义就大大扩大了，包含了以前没有的操纵方面的意味以及其他方面的改变等等。

第二种变化是翻译之后外来译学术语的外延缩小了。比如前面提到的用

"直译"来翻译"literalism"，用"借用"来翻译"borrowing"，以及用"异化"和"归化"来翻译"foreignization"和"domestication"，韦努蒂的异化论常常和国内的异化/归化之争相混淆，其实两个术语在渊源和内涵等方面存在显著的差异，前者属文化政治理论，后者是翻译方法的讨论（贺显斌，2008）。异化在中国语境中是相对于归化而言的，但由于有这样的译法，所以韦努蒂的"foreignzing translation"译成"异化翻译"之后，其外延就缩小了，失去了其自身所具有的后殖民主义翻译色彩，缩小到只对翻译方法的探讨，这也是造成对韦努蒂翻译论误读的原因之一。再比如说用"归化"来翻译"domestication"，这个术语在中国语境中，指的是恪守本族文化的语言传统，回归地道的本族语表达方式（方梦之，2004：3）。而韦努蒂认为归化这一术语含有贬义内涵，因为它被看作是主导文化中的通用原则。这些主导文化"是一些带有侵略性的单语文化，它们不接受外来的东西"（1995：15）。同时归化翻译的方法会包括如下步骤，而不单单指翻译方法，如精心挑选有助于以这种方式翻译的文本；有意识地采用流畅、顺耳的目标语风格，改编目标文本以符合目标话语类型；添加解释性材料；删除源语独有特征以及以目标语的预设与取向来使目标文本变得总体和谐（转引自Shuttleworth & Cowie，2005：59）。

第三种是指原有的中国词语在外来译学思想的影响下，自身的含义发生了变化。如用"规范"一词来译"norm"，"规范"在《现代汉语词典》中有以下的解释：①约定俗成或明文规定的标准：语音规范，道德规范；②合乎规范：这个词的用法不合乎规范。我们再来看看翻译理论家们对规范的定义。Toury把规范定义为对翻译进行描述性分析的一个范畴，即某一译语社会里所共享的价值和观念，如什么是正确的，什么是错误的，什么是适当的，什么是不适当的，转化成在特定情况下正确的适当的翻译行为原则（Toury，1980）。Hermans的定义是：规范是心理和社会实体，是人们互动交际中重要的构成因素，属于社会化进程中的一部分。从广义上讲，规范涵盖常规与法令之间的全部领域（1996：31）。对"规范"的认识在中文中起初只是作为一种规则和标准，所以是规定性的东西，即"人们把规范理解和描述为译者为了生成可被接受的译文所必须遵循的指南或规则（Shuttleworth，2005：153）。但经过西方译学的引入，在翻译学科的表述中，这一术语从传统的翻译理论的规范性研究发展到描述性分析的范畴，规范被界定为"特定文化或文本体系中，优先于其他可行策略而被反复采用的翻译策略"（Baker, 1993：240）。规范的含义已经有所变化，规范本身也成为了研究对象，并由于对规范认识的重大改变，翻译研究的很多领域产生了新的认识、新的发现和新的研究成果。"规范"术语的引入也打破了中国语境中对"规范"的认识，从而获得了新的内容和生机。

3.2.2.3 造词法

这里指的是通过创造新的术语进行翻译。这样一种方法就是用现成的汉字进行组合，通过造汉语新词来译介引入的外来译学术语。当概念在两种语言中有很大程度的不同，或者只在其中一种语言中有不同，就需要创造一些词来用以交流。比如"abusive fidelity"译为"滥译的忠实"，以及"resistance"译为"阻抗"，"manipulation"译为"操控"，操控这个词是操纵控制的意思，这个词并不是地道的汉语，而是后来通过翻译形成的，这些词的产生就是一种创造。

当然也有选择比较生僻或者晦涩的词，不能因形见义地产生相同的联想效果。这种做法主要是在哲学界，译者这样做的目的是让读者对这个词产生研究的兴趣，并进而通过对照发现这个词的真正意义，避免不必要的误解，但这样译法的一个问题是这些词仍然处于流通之中，并且不被人所理解。虽然译者并不想将其应用到论述中，但这是不可避免的事实。"用翻译过来的词写作，对我个人来说不是一件特别愉快的事。我见到别人用我当时翻译时所造的一些词和被赋予了新的意义的词来写作，但我个人是尽量不这样来写作的。翻译语言和写作语言，我觉得还是有点区别的"（陈嘉映，2002）。他的观点是，"翻译逻辑或是翻译哲学，你要把词对上，意思你自己去猜"（IBID）。这种造词的方法可以说是译者的个人做法，但这种做法在哲学界不在少数，而这些难以理解的哲学术语也慢慢成为译学研究中必不可少的一部分，有时甚至与译学结合而成为译学术语。目前仍有不少晦涩的、难解的学科术语，也许译者本意并非如此，但这样的术语却成为了众多论文中的常用语，成为人们交流时的语言符号，从而出现了对概念这样那样的理解。

通过造汉语新词来译介引入外来哲学术语的形式与前几种形式都不同。在前几种形式中，不管它们是表面相应的格义，还是意义的引申，它们都采用了中国本土旧词的现成形式，而造词则是完全新的组合。当然，这种创造也不能随意产生，而应遵循汉字固有的造词法进行。相比较而言，造汉语新词这种方式并不是旧瓶装新酒，而是新的内容和新的形式的结合，这样的结合使得这些新造术语不仅带来创新性的概念，自身也渐渐内化为中国本土术语，这对丰富中国译学术语无疑是非常重要的。

3.3　概念转换问题探讨

　　根据上文所总结和分析的概念转换方法，概念受到了改写，这里的"改写"概念与 Lefevere 的"改写"概念有相似之处。Lefevere（2004）泛指对文学原作进行的翻译、改写、编撰选集、批评和编辑等各种加工和调整的过程。Lefevere 指出，在不同的历史条件下，改写主要受到意识形态和诗学形态两方面的限制。改写者往往会对原作进行一定程度的调整，使其与改写者所处时期主流意识形态和诗学形态相符，从而达到让改写的作品被尽可能多的读者接受的目的。这里所用的"改写"概念主要指的也是翻译中的改写，在概念跨时空旅行过程中，概念会受到从起点到终点各个因素的制约和影响，这里更加强调的是概念转换方法所造成的改写，即使是相近概念的格义、相近术语的引申，都会造成对概念的改动，更别说新词语的创造了。概念转换的过程，与术语的形成过程是一样的，也是先有概念，再有能指。术语的形成与普通词的形成不同，即不是从其名称发现其实体，或发现由该名称所代表的一组实体，而是从其实体出发来研究其名称（隆多，1985：11~12），所以在另一种语言文化中找到一个合适的语词来称谓概念，从而形成的新的命名关系，就使得问题更加复杂。术语的译名与概念之间的名实关系远不是一种固定的、静态的关系，而是一种动态的、辩证的关系。

　　术语与概念的对应关系是比较复杂的，单单在一种语言内部来说，一方面，从术语本身的特点出发，通常要求术语具备以下几个特点：准确性、单义性、系统性、语言的正确性、简明性、理据性、稳定性、能产性（冯志伟，1997：1~2）；另一方面，实际上，概念与术语并不是一一对应的，这种不一一对应主要表现为以下几种情形：同一个概念可以用不同的术语来表达，同一个术语在不同的情况下可以表达几个不同的概念。此外，术语与概念是相生相长的关系，随着概念的变化，术语会发生一定程度的变化。术语与概念之间的关系不是固定不变的，概念和术语之间的关系是不断协商的结果。在同一语言中尚且如此，在不同语言中情形就更加复杂了。通过上面对概念转换方法的总结和分析，我们已经可以发现译学术语在概念转换后产生的一些问题，尽管概念转换的时候有一套规则需要遵循，比如翻译《翻译研究词典》采取的是"准确、透明、一致、简洁、通达"的八字翻译原则，但就目前的译学术语现状来说，仍然存在下面几个问题：

（一）准确性

准确性毋庸置疑是放在第一位的，这一点也是需要着重考虑的，但采取何种方法无疑会直接影响到准确性，比如上文提到的格义、引申、造词方法等等。翻译学采用的术语是庞杂的、多学科的，有很多术语是从其他学科引入的，西方学者在使用的时候因为有相同的学术背景和研究范式，所以不存在文化过滤、文化移植或者文化隔膜的问题，但中西译学进行概念转换的时候，尤其需要特别关注每个概念的起源、发展和使用。如何提高准确性这一问题其实涵盖着术语学中的各类问题，比如术语的多义现象、模糊性等等。本研究认为准确性的问题关键之一还是在于理解，在于理解的过程，这一点将在下一章展开详细论述。

（二）可读性

可读性是造词时面临的另一个主要问题，创造出来的新词不是新奇、少见就是好，而是这样的词在拥有准确性的基础上是否有让人产生晦涩难懂、难以下咽的感觉。前文中提到的生造出的很多哲学术语、语言学术语以及文论术语也会相继进入翻译学，同时也有一些翻译学自身的术语存在这样的问题。可读性的问题既是从读者的角度考虑的，也是从学科建设的角度考虑的。如果出现太多的生硬术语，读者与作者之间的交流就难以通畅，也将影响学术作品的影响力和生命力。在这一点上译者的翻译观是决定因素，译者的翻译观直接影响着他的翻译策略，比如陈嘉映先生选择生僻的词语来翻译哲学中的术语，他的目的是想让读者自己对照文本，从而了解概念。

（三）一致性

这一问题是术语问题中最让人感到困扰的，因为从使用上来看，一个术语如果有几个译名，就难免会出现不同程度的混乱，所以就目前的使用和翻译要求来说，"一致性"是必不可少的要求。但一个术语是否就只能有一个译名，这一问题在使用过程中受到很大的挑战和质疑。比如说在不同的语境中会发现使用同一译名确实比较生硬，有时意义也的确有所不同。侯国金（2002）在谈到语言学术语翻译问题时曾说，我们赞成简洁，但怀疑"见词明义"的可行性。我们觉得"单一性原则"是理想化的原则，即好得难以实施。这样的问题同样存在于翻译学术语中。在《翻译研究关键词》中也谈到即使是"source language"这样的术语也有"源语"和"原语"两个译名，"源"和"原"反映的是关系问题。就译文而言，"源"道明的是直接关系，而"原"是指深层关系。表面上是"源"、"原"不分，实际上二者泾渭分明（孙艺风，2004：9）。这一问题如果依靠人为的标准化和划分显然也是不合适的，这一问题除了要依靠语境和更大的语境来确定意义，同时还要对这一问题重新看待和思考，但在需要意义相同的地方则必须保持一致。

（四）系统—可辨性

这一原则是侯国金（2002）提出来的，他指出术语翻译要考虑术语所在的学科或科学的术语系统性（systematicity）（语言学、逻辑学、哲学、语法学、语用学等），至少要考虑相关术语的系统性（如同级的术语、上下义术语），还要考虑相关、相通、相反、类似术语的可辨性。系统性偏重主题和风格的同一性，而可辨性（distinguishability）偏重同一系统术语的差异性。本研究认为译学术语不仅涉及系统可辨性，还涉及来自其他学科的同一术语的不同，即在译学术语系统中，不仅存在学科内术语之间的相关性，也存在与其他学科之间的术语相关性。其他学科的术语在翻译中得到广泛借用，比如"系统"这个术语出现在文学、语言学和翻译学这三个学科之中，但每个学科对此各有侧重，此术语起源于俄国形式主义者的著述，取自索绪尔的"概念是纯粹表示差别的，不能根据其内容从正面确定它们，只能根据它们与系统中其他成员的关系从反面确定它们。它们最确切的特征是：它们不是别的东西"（Saussure，1997：163）。文学理论中，形式主义主张文学作品不是单独得以研究，而是作为文学系统的一部分，文学系统是文学次序功能的系统，这些秩序关系在不断形成过程中。而在系统功能语言学中的"系统"指的是韩礼德的功能思想之一，语言是一个意义潜势系统，功能语法所讲的"规则"是选择系统中的可选项。发话者根据交际的目的等因素来选择语言形式，所表达的意义也是通过形式来体现的（Halliday，1973：145）。

就翻译研究而言，Even‐Zohar（1990：270）把"系统"界定为"一系列假定可观察物的假想关系网"。这个定义中的"假定可观察物"通常是语言、文本、文学或文化现象。换言之，系统是一个"层状体"（Toury，1980：142）。还有 Theo Hermans 在《描写和系统理论解说》中对系统的解释，Theo Hermans 认为描述翻译学有时也称为多元系统方法，但我们也可以更广泛地说系统视角的翻译，可以包括其他除了多元系统以外的其他系统理论概念（2004：8）。所以从上面的例子中我们可以知道译学术语的系统——可辨性不仅需要进行系统内的区分，还要进行学科之间的区分。

3.4 小结

本章探讨的中国当代译学术语系统之西方译学术语的形成过程，表明了跨时空旅行后所遭遇的差异、断裂和抵制的接受情况，并发现目前主要采用以下三种概念转换方法：格义法、引申法和造词法，这三种方法是意译方法的不同表现形式。其中格义方法和引申法都是一种通过自己了解对方，通过他者来反观自我的方式，用自己习惯了的观念对照其他观念，是文化碰撞时的一种比较方法。前文论及佛学在使用格义方法翻译之后出现了佛教中国化现象，同样，中国的西方哲学或者文论其实已经不是其"副本"，往往掺杂了本土的思想。由于概念在转换过程中会受到很多因素的影响，经过时空旅行之后会发生这样那样的变化，从而获得或者是一种本土化的理解，或者是一种误解，或者是一种更接近于文本视野的理解。这同样印证了为什么汉学和国学存在着差别，汉学与国学的研究对象是相同的，但本质上却是不同的，正是因为研究者的文化背景不同，采取的视角不同，所呈现的是不同于原来的理解，而是有所发现、探索新知的研究。中国当代译学也是如此，当西方译学来到中国，也可以说成是中国的西方译学。因为西方译学在中国语境应用后发生了变化，产生了不同的理解，从而得到这样那样的阐释。本章中所提到的三种概念转换方法则是中国当代译学术语系统之西方译学术语部分形成的主要方法来源，这些方法自身存在一定的问题，如果这些问题不能与深入理解相结合，那么问题会更加突出。

第四章

中国当代译学术语的形成（二）

前一章探讨中国当代译学术语系统中的西方译学术语如何经历的跨时空旅行，以及采用何种方法进行的概念转换。本章将重点关注中国传统译学术语和新创译学术语部分，它们是如何，并且以怎样的形态成为中国当代译学术语系统的一部分。

4.1 传统译学术语的嬗变与衍化

4.1.1 概念内涵的确定

传统译学术语具有与西方译学术语不同的形态特征，这是因为传统译学术语与古代哲学和古代文论之间的关系密不可分，中国哲学家惯于用格言、警句、比喻、事例等形式表达思想。在中国的古代著作中，语言都十分简短，不怎么连贯。《老子》全书都是以格言形式写成，《庄子》书中充满寓言和故事。富于暗示而不是一泻无余，言有尽而意无穷（冯友兰，2005：10～11），这些都是中国古代哲学家表达思想时的语言风格，当然也与中国古代汉语简短、精炼的特点息息相关。中国传统译学术语的表述方式和中国古代哲学和文化一样都具有抽象和模糊的特点，因此这些抽象概念的量化问题，或者说概念的分类和界定问题十分需要关注和探讨。

随着中国传统译学术语的发展和嬗变，中国传统译学理论的那些印象性术语成为了研究的主要内容，那些术语的确切内涵是什么？中国学者也一直在积极做这些方面的研究。比如黄龙（转引自杨自俭等，1994：561～580）把神韵这个"一看就懂，一问就糊涂"（季羡林）的抽象范畴分成风雅、韵律、情操、灵感四个要素，进行了独具特色的研究。刘宓庆（转引自杨自俭等，1994：583～608）把风格因素分九个层次，风格意义分三个层次，转换手段分成对应、重建和淡化三种，使风格的研究向精确化前进了一大步。对中国传统译学术语的研究，重要的就是进行这样的分析和细化，发现术语之间的关联性和延续性，从而形成清晰的、完整的传统译学术语系统脉络。

中国哲学的范畴观念具备了下列几项特性：（一）"范畴"的广延性与综合性：每一基本范畴在每一哲学系统中，均有相应的位置，而导致不同系统均有相应或对照的关系，此项特性亦可名为范畴的对应性要求；（二）范畴的落实性与应用性；每一基本范畴均透过个别体验者的体验取得新的意义，或发展为相关的意义。整体的经验及实用需求也决定及丰富了范畴的意义及意涵；（三）范畴的规范性与价值性；每一基本范畴均为一套具有规范性的价值，故能直接或间接地规范思考及行为，并因之发展了一套有关实用的解释学或指导个人的修养论（成中英，1985：53～54）。译学中的概念同样具有中国哲学范畴观念的特性，所以在不同系统概念之间的相应关系、概念的个别体验，以及概念的规范性价值方面都表现出概念的内涵不稳定、变化以及游移的特点，这样的特点使得传统译学术语仍然处于这样的困境。

4.1.2　现代阐释与现代转化

传统译学术语的现代阐释和现代转化工作所采用的研究方法主要就是反向格义的方法，反向格义指的是用外来的理论体系和框架来分析本土的概念和术语。这一方法虽然最初在哲学界得以使用，但已日渐被文论界和翻译界所使用。这种以西格中的方式已成为当代学者进行学术研究的主要方式，但这一方法是否得当仍然受到很多的质疑。

4.1.2.1　反向格义的含义

根据刘笑敢（2006）的研究，反向格义或许可以分为广狭二义。广义泛指任何自觉地借用西方哲学理论解释、分析、研究中国哲学的做法，涉及面可能非常宽，相当于陈荣捷所说的"以西释中"。狭义的反向格义则是专指以西方哲学的某些具体的、现成的概念，来对应、解释中国哲学的思想、观念或概念的做法。本研究这里主要指的是广义的反向格义，甚至更广而言之，用西方理论的分析框架、西方学术眼光看待中国的概念和术语。反向格义方法的运用主要是在西学东渐的时候，中国的学者逐渐认识到中西两种学术形态的差异，并认识到中国传统的治学方式存在含混、逻辑不清的问题，从而转向西学，从西学中汲取自己的所需，并力图通过以西格中的方法获得更清晰的概念和理论框架。

4.1.2.2 反向格义不同时期的运用及分期

反向格义从近代开始使用到如今经历了两个阶段，主要分为：

一、严复

清末在国门被打开的时候，一批有识之士有计划地把西方的学术和思想通过翻译的形式介绍到中国。严复为此做了大量的翻译工作，如翻译了著名的《天演论》和《名学浅说》等。他采用了两种不同的方法来对待西学，一方面用大量的中国古代经典来诠释西学，另一方面用西方的理论框架和概念分析中国本土思想。在这两种方法中，我们可以看到严复的良苦用心，以及严复对中国本土语境的深入了解，他了解如何才能让中国人认识和接纳西学，在严复眼里，西方哲学的种种观念在中国传统学术中都有它的原型。他认为中国古书难懂，这些思想反过来要靠西方思想观念的启发才能重新了解（胡伟希，2002）。

二、胡适、冯友兰之后到当代

胡适和冯友兰是有代表性的两位，胡适将实用主义引入中国，完成了第一部以西方哲学眼光写成的《中国哲学史大纲》，冯友兰则将新实在论引入中国哲学史研究，完成了在中国和西方均有重要影响的第一部完整的《中国哲学史》。这两位学者都是在西方受过教育，获得过哲学博士学位的人。所以从他们的西学背景视角来看待中国哲学，从而成为了一种新的研究方法和进路，这一方法从此应用甚广，从哲学直接渗透到文史等领域中。

这一方法在译界也得到越来越多地使用，因为中国传统译学也多采用中国古典文论中的名词、术语和概念，所以中国传统译学的现代阐释几乎无不应用西方的译学理论框架，比如文、质与直译与意译时有发生类比的现象。王宏印（2003：252～254）在探讨翻译中的文与质及其关系问题时，认为其一，中国翻译理论中的文质问题，大概可以归入内容与形式的关系来讨论；其二，中国翻译史上的"质派"与"文派"，由于汉语词源和理论渊源上不同于西方，其实并不等于西方翻译史上或者现代所谓的"直译"和"意译"，至少在一开始并不是这样提出问题和认识问题的。而赵巍（2008）在谈到文质的现代转化问题上认为，直译意译和忠实是西方译论的基本论题，而在中国译论中同样的理论问题表现为"文质"之争和译文的"信"。文质和直译意译关注的是类似的现象，实际讨论过程中涉及到同样的基本问题，但不等同。"直译意译"是翻译理论早期探讨的核心问题，但在中西译论中的表现并不相同，中国传统译论是以中国传统文论的言说方式和文章学视角来呈现的。传统译论的现代阐释如果仅满足于与西方译论术语相比附，那么可能造成译论传统的断裂或经典译论的歪曲和改变，古典译论现代转化的努力就将付之东流。反向格义从最初的使用到如今也经历了两个阶段，这两个阶段根据反向格义者所使用的初衷也可以分为主动和被动两种。被动是指把反向格义的方法当作一种工具来进行，重点是让本土接受外来的思想和观念；主动则是一种自然选择，甚至已内化为自身的学术素养。

4.1.2.3 反向格义评析

反向格义方法的使用会产生什么样的影响？用西方的理论框架和概念来分析中国本土的学说和术语，这中间是否是一种必然还是只是一种选择？这样的方法在学者当中形成了鲜明的两种观点。一种观点认为，这种以西格中的方式是中国学术走向科学的必经之路，是采用科学的方法、现代的语言进行的，论证方式严谨，中国传统经典将焕发新的生机和活力，"对这个概念，我们理应从以西释中的角度去真切地认知，绝对不能以民族本位为借口去粗暴地否弃，因为在学术研究上要真正做好反向格义，太难了"（杨海文，2009）。在这方面很多学者曾经用过这样的方法，比如严复运用西方哲学原理与自然科学成就对中国古典气学进行的反向格义，是对中国古典气学一次具有重大哲学意义的解析。"经过'西学'铸范重新'淬火锻打'的'气'概念，已经蜕变为一有重量的、有广延性的、细微的物质基本粒子。严复的这一哲学解构与重构工作，其哲学意义在于：中国古典气学中一直存在的'含混闪烁'的逻辑模糊性缺陷，在严复气论中终于得到了具有里程碑意义的超越。气作为一个哲学概念，其外延的边界相对清晰，内涵的规定相对稳定"（曾振宇，2009）。

另外一种观点则对其提出质疑，反向格义的方法所造成的后果是中国本土的概念遭到了解剖式的分析，丧失了其本来的完整性。因为，首先，反向格义会干扰对中国传统经典历史的"原原本本"的理解。或者说这种方法会让中国传统术语失去完整性，从而削足适履，只是用西学的只言片语来似是而非地对中国的学问进行生吞活剥。由于两种不同理论体系的基石不同，所以不同概念体系是不相通的，这种不可通约性如果使用反向格义则会造成意义的缺失，因为中西两种学术形态的差异和两种文化传统的不同，同一个名字其内涵也有显著的不同。比如同样是"气"的概念，严复站在西方近代自然科学与哲学立场，对"气"的概念作出了全新的界定。"气范畴的具体性逐渐加强了，抽象性却逐渐淡化了。严复思想中的气概念不再是宇宙的本原，也并未'西化'为获得了'绝对形式'的'纯粹概念'，气已经逐渐从形而上学殿堂中淡出，蜕变为一具体的、特殊的物质存在，完成了其作为万物存在的终极根据被用于对世界本原进行探索的历史使命。从这一意义上讲，严复又是中国古典气学的终结者"（曾振宇，2009）。其次，这种方法还会造成"失语症"的产生，其潜在危险就是中国传统话语系统，包括术语作为一种言说方式失去其言说地位，如果不用西方的话语方式来言说，我们已经不会说话了，也不能参与到世界性的学术交流中。这样的结果就是中国缺乏属于自己的话语研究范式，中国话语被西方思想同化、吸摄，继而成为一种学术的注脚（曹顺庆，2009）。这样的现状确实值得反思，语言—思维—现实之间的关系更加让我们深入思考语言与思维之间的关系，以及如何进行学术术语的创新。这种格义和反向格义的言说方式对一个民族的语言和文化会有多少影响，仍然亟待研究。在现今的学术研究中，有西学背景的人进行研究时多会采用这种方法，而对很多没有国学背景的人来说，让他们重新回到中国传统经典的言说方式几乎是不可能的，因为对他们来说，中国传统经典是同样的艰深。

4.2　新创译学术语的产生

现如今，中国传统译学术语经历着传承和演变的发展过程，有的西方译学术语在引入、融合及嬗变过程中成为了中国译学术语的一部分，还有很多新创的译学术语产生，它们是由中国本土翻译研究学者采取不同的研究方法和路径，对翻译研究中的问题和现象所进行的独特阐释，有对中国传统译学的挖掘和现代阐释，有从西方现代各门学科汲取养料。本研究根据其来源的方式进行分类，分为从中国传统术语发展过来的、借用西方各门学科并转化为新创术语两类：

第一类，回归传统，挖掘创新。有的新创术语是从中国传统译学术语直接发展过来的，这些新创的译学话语同样沿袭中国传统译学术语具有的简短、浓缩和形象的典型汉语语言特点。比如，1979 年，刘重德发表《试论翻译的原则》，批判地继承了严复和泰特勒的翻译思想，并结合自身翻译体会，对严复首倡的、作为翻译标准研究起点的"信达雅"进行修改，提出了著名的"信、达、切"的翻译原则。刘氏认为，"雅"（尔雅，文雅）实际上只不过是风格中的一格，翻译起来，不能一律要"雅"，应该实事求是，酌情处理，恰如其分，切合原文风格。"切"是一个中性词，适用于各种不同的风格。刘氏的翻译原则，是在严氏标准基础上的继承和创新，使我国翻译理论发展到一个全面、系统、完整的新阶段，标志着我国翻译标准理论的成熟（刘期家，2000）。还有的术语是中国学者大胆创新，根据自己的研究成果，建立了自己的一套术语，比如"变译"（黄忠廉）、"三美"说（许渊冲）、"和谐"说（郑海凌）、"中和"说（杨晓荣）、"多元互补论"（辜正坤）、"归结论"（赵彦春）等等。如果新创译学术语仍然采用传统的言说方式，那么就需要避开原来的那种综合性模糊思维方式。也就是说，如何对自己所创造的术语进行定名，对概念进行界定，以及形成系统阐述都首先需要做出严谨的论证和论述。

第二类，面向西方，与西方各学科结合。随着现代西方各门学科的影响日益加深，以及翻译学具有的跨学科性质，中国学者不断吸收这些西方各门学科术语，为我所用，研究翻译中的现象，并创立了一系列的译学术语。这类术语具有明显的西方学科术语的特点，通过词语的外形特点就可以判断出其不是汉语构词。文学与译学的结合，如"等效翻译"；哲学与译学的结合，如"建构主义翻译学"；语言学与译学的结合，如"等值翻译"；译学与其他学科的结合，如"生态翻译学"等等。这些新创的译学术语明显带有两个特点：第一，它的理论基础是西方的，术语是西方的，研究方法是西方的，但语料是中国的；第二，所用术语和原来术语之间并不等同，因为所使用的术语经过跨时空旅行而进入到本土语境中，是带有本土视角的使用和演绎。

4.3 译学术语问题探讨

就目前的发展情况来看，中国译学也是依着西方的学术规范建立的，是以相关的中西翻译现象为材料、以西方译学的范式为形式建构起来的。术语的形成既与材料相关，也与形式相涉，从一定意义上说，特有术语系统的建立承载和支撑起中国译学的建立。中国当代译学术语问题目前受到译界学者的关注，因为这些问题将会对中国译学产生直接的影响，影响译学的走向和发展。前文已述，中国当代译学术语由三个部分组成，其中西方译学术语引入到中国后发生跨时空旅行，到中国语境后已并非是其原来模样，经过重新塑造后的西方译学术语渐渐成为中国当代译学术语的一部分，而新创译学术语在传统与西方两个方向汲取营养，这些术语在形成过程中都会有可能出现下面的问题，从而造成了中国当代译学话语的现状。

4.3.1　误读问题

从前文跨时空旅行的论述中可以得知，由于在从起点到终点的旅行过程中，会遭遇到译者、读者、理解的历史性、视域融合等等一系列的影响因素，所以这一过程给误读留下了很多的空间。西方译学术语引入到中国后，正是由于其经历了这样的一系列过程，出现了各种各样的误读现象。首先我们需要厘清"误读"这个概念，误读现象最初被认为是对原文的篡改和误解，所以多持否定态度，但之后随着解构主义的兴起，布罗姆的"误读"理论得到广泛关注和接受。布罗姆认为：阅读总是一种"延迟"行为，因而完全真实的阅读几乎是不可能的。因为文本意义是在阅读过程中产生的，它同作者原先写作本文的意图不可能完全吻合。因此，寻找本文原始意义的阅读根本不存在，也不可能存在（王毅，2004）。也就是说，阅读就是一种误读，或者说是一种文化误读。乐黛云（1994）在《文化差异与文化误读》一文中说："所谓误读就是按照自身的文化传统、思维方式、自己所熟悉的一切去解读另一种文化。一般说来，人们只能按照自己的思维模式去认识这个世界！他原有的'视域'，决定了他的'不见'和'洞见'，决定了他将对另一种文化如何选择、如何切割，然后又决定了他如何对其认知和解释"。对"误读"的合理性经过一段甚嚣尘上的讨论后，认识并未就此停滞，而是再次发生了改变，就如刘全福（2006）指出"翻译既然是一项建构性事业，译者就应拒绝'误读'，回归本真，将读者从二次'误读'或被动'误读'中解脱出来"。王毅（2004）在其《澄清"误读"的迷雾》一文中也谈到了由于过分强调误读理论的合理性而产生的错误导向。

本研究认为对这一现象应做出更加清晰的表述和区分，那就是对"误读"的认识并不单单只是经历否定—肯定—否定的发展历程，并不是只有一层含义。翻译中的误读可以分为两种，第一种是无意误读，也就是说这种误读并不是读者意识到的。在这种无意误读里，也有两种情况，一种或许是因为对原文的理解不透，或者是知识储备不够，所以形成了与原意并不相符的误读，比如翻译界曾经探讨的对解构主义的误读（刘骥翔，2009）、对韦努蒂的误读（贺显斌，2008）等等。另外一种无意误读则被视为一种创造性的叛逆，是意义不断生成和更新的源泉，是文学接受与文化阐释中生命力的源泉，是一种积极的创造性误读，是对文学经典的修正与重构。主要可以起到以下三个方面的积极作用：（1）使外国文学作品很容易在本国传播，达到与本国读者的沟通，建立起文化交流，林琴南的译作就是如此；（2）在"误读"中可能会阐发出原作中一些未被发掘的新意，重新发现原作的价值，甚至"创造"出文学名家，如泰戈尔在中国被不同的诗人从不同的角度阐释以及尼采在中国现代被"误读"；（3）由于"误读"往往是由于译者自身文化的历史需求造成的，因而它也能促进本民族文学的发展，甚至产生质的飞跃，美国新诗运动中庞德等人对中国古典诗词的"误读"，认为中国诗就是简约和意象，有力地推进了美国现代派诗歌的革新运动，就是一个证明（董洪川，2001），其他研究可见夏智娇（2007）、王宁（2008）等人的研究。第二种是有意误读，是特定时期因受特定历史语境制约而采用的策略性误读，如严复等人的"误读"现象，他"在阅读某一历史或其他民族乃至其他作家的作品时，有意识地曲解原作，产生与原作不相符的差异"（韩江洪，2008）。

尽管误读有其积极合理的一面，但在中西进行概念转换的时候，对于无意误读中的第一种情况还是应该慎重对待，如果在缺乏对术语的学术背景和学术传统的认识下对其进行理解和应用，无疑是一种曲解，并将影响概念的进一步发展。

西方译学术语与中国传统译学术语不同，在表现形态上具有跨学科交叉性，除了一些翻译学"土生土长"的术语，有很多是结合语言学、文论、哲学、文化研究所形成的翻译理论和术语，这些术语自身都具有一定的学术背景和生成土壤，其在进入中国语境后是否还能焕发出巨大生命力，以及会经历怎样的接受情况，都是值得研究的问题。

4.3.2　借用问题

借用主要指的是国内翻译研究学者在新创术语的时候使用西学各门学科术语，包括文论、语言学、哲学的术语，这样的借用可以说是一种应用，也可以说是一种嫁接，因为是从西方的学术文化背景中选用其中的部分概念和术语来研究中外语言之间的翻译问题。虽然并不精确为这些术语的本义，却得到共同承认并得以广泛使用，因为有利于解释翻译中的现象。

术语的借用是一种学科交叉性关联，这是由翻译学科的跨学科性质所决定的。在这样的联系和应用过程中，各种大相径庭的方法都应用到翻译研究中，其中有的完全是从其他学科领域全盘引入。很多学科领域，甚至是数学、生物学（适应选择论）、伦理学等等学科的术语和概念也得以借用，并且认为这些术语及其所隐含的概念同样适用于翻译研究，但其实这些方法并非都与翻译研究有关。当然，过去有许多术语借用过来之后，的确成功地适用翻译学，但有的也是生搬硬套。

翻译现象具有复杂化和多层次化的特点，所以，选用不同学科的术语有时能反映一定的翻译现象，问题是应用这样的术语能否切实解决翻译过程中存在的问题，是否这只是问题的另一种措词和说法，这对理论的推动或者事实的挖掘是否有益？尤其是这样的借用对中外语言转换是否具有典型性意义？下面探讨一下借用的时候可能会出现什么样的问题。

第一种情况是不太适用。由于每个理论及其术语都有其产生的背景和应用范围，所以，如果将其普适化，那么必然会有很多特殊现象无法解释，比如，在过去的一段时间内，结合乔姆斯基的转换生成语法，以及奈达的形式对等、功能对等和动态对等而形成的等值翻译曾经在中国掀起的巨大浪潮，但最终发现其并不适合英汉翻译。Cay Dollup 曾说，"汉语和英语属于两个截然不同的语系，即使你们非向西方借鉴不可，也一定要保持谨慎的态度。例如，我知道奈达的理论曾经对中国翻译研究影响颇大，但是我认为将奈达的'对等'概念放到英汉翻译上是非常奇特而且不恰当的"（转引自胡显耀，2005）。

第二种情况是应用居多。由于通常是用一种理论来解释一种现象，而没有形成理论流派发展的基本路线。"西方翻译理论的发展经历了一个"思索—提出假说—验证—形成理论—修正理论"的基本过程。你们的翻译理论虽然已经有了一些假说，并诉诸某些理论，但这些假说和理论在某种程度上是从西方移植过来的，因而你们并没有经历完整的理论形成过程，没有从自己的翻译实践中建立并验证假说"（胡显耀，2005）。因此，思维方式无法保持微观，总有例外，不得不做出解释分析、归类，都是尽量予以量化和图表化，以指导性的为多，具体操作性的不易形成"定律"、"手册"等。

第三种是关联性探讨，主要指的是所用术语与所描述的现象能否产生直接的关系。下面以建构主义为例来说明其中是如何产生联系并应用的，建构主义（constructivism）的最早提出者可追溯至瑞士的皮亚杰（J. Piaget）。他是认知发展领域最有影响的一位心理学家，他所创立的关于儿童认知发展的学派被人们称为日内瓦学派。皮亚杰的理论充满唯物辩证法，他坚持从内因和外因相互作用的观点来研究儿童的认知发展。他认为，儿童在与周围环境相互作用的过程中，逐步建构起关于外部世界的知识，从而使自身认知结构得到发展。建构主义翻译学汲取的主要也是这方面的特点，"我们之所以在翻译研究中采用建构主义理论，一方面我们同样认为无论是写作还是翻译都是人们用语言对生活世界的社会现实的一个重新建构过程，同样是由社会、文化和个人的一种互动性的共同建构。而另一方面，建构主义理论的一些理论特点也很适合我们用来反思以往的翻译研究范式和建立新的译学知识体系"（吕俊，2005）。建构主义翻译学中的"建构主义"这个术语有两层含义，一层是翻译学的建构性特点，另一层则是对解构的反拨，所以建构主义是在对解构主义的反思基础上形成的，这样就形成了一个脉络线索，即结构——解构——建构。但建构主义这个术语从其本义来说，并没有这两层含义，所以这样的借用并不完全是套用，或者直接引用，而是带有自己理解和发挥的使用。

4.3.3　自创术语系统的系统性问题

在自创理论的时候，术语系统也就相应产生了，这个术语系统之间的内部关系需要非常清楚和明了，并且具有系统性，那么如何体现术语系统的系统性？俄罗斯术语理论创始人之一 A. C. 洛特提出，他认为，实现术语系统之系统性必须具备三个条件：①作为构筑术语系统的基础，分类结果应当在发展中研究概念并且具有预见性；②从分类示意图出发划分出的术语应当直接反映概念的充分必要特征；③只有在前两个步骤结束之后才可以选择词和词的组成部分构成术语。被选中的词，一方面应当尽可能直观地反映所表示概念与其他概念的共性，另一方面又要体现该概念的自身特点，而且尤为重要的是：同一序列的术语应具有相同类型的结构（吴丽坤，2005）。这三层意思清楚明了地表明了术语的定名过程，从概念分类开始，到定义中给出概念的充分必要特征，最后到用术语来反映概念的特征。所以说，创建术语系统的基础是对概念进行分类，分类要求能够做到科学、合理，动态地研究概念并具有预见性，并能根据分类结果识别出概念的充分必要特征。之后，才可以选择合适的语言手段来表示概念。而且，术语应直接反映概念的充分必要特征，并尽可能通过术语的形式直接反映概念之间的联系。

拥有完善的概念系统也并不是可以说就有了完善的术语系统，因为概念最终是要由语言，也就是要用词语来称谓，"术语系统之系统性"就是术语系统所表示的概念结构和语言结构之间的对应关系。术语系统的系统性程度如何取决于两点：术语系统所表示的逻辑—概念结构是否明确并具有一贯性；与概念结构对应的语言结构是否明确并具有一贯性（吴丽坤，2005）。所以实现术语的概念系统和语言系统之间的连贯性，在术语意义和形式之间建立合理的联系，也就是说，创造术语的关键是要有正确的理据性，理据性是联系术语的意义及其形式的纽带。根据术语的真正意义与其字面意义是否相符，可以区分出三种类型术语：具有正确理据的术语；没有理据或理据无法判断的术语；具有错误理据、其字面意义与真正意义相矛盾的术语。术语的形成应经历从概念到术语这样一个过程，其中涵盖着对概念的考察，对概念的分类，以及概念和术语之间寻找理据性等等。

下面以变译理论为例来说明，在变译理论中，翻译可以分为变译和全译，那么翻译、变译以及全译三者之间是什么关系？根据黄忠廉（2002）的分析可知，翻译从主流观点来看，其共同特点是：保全，意义和形式上的保全，整个翻译过程就是一个保全运动。所谓变译，是指译者根据特定条件下特定读者的特殊需求采用增、减、编、述、缩、并、改等变通手段摄取原作有关内容的翻译活动。同"翻译"概念一样，变译既指行为，也指结果。变译是相对于全译提出来的，其区分标准是保留原作内容与形式的完整程度。全译中的确有"变"，但那是微调，因为全译的出发点是极力减少内容的损失和宏观形式的变化（如体裁、结构等），其变化是微观的；而变译之"变"是大调，是宏观的变化，是译者有意识地"根据特定条件下特定读者的特殊需求"改变原作的内容、形式，乃至风格。在产生新术语的过程中首先需要对概念进行分类，就上文对变译和全译的分类来看，根据上面所陈述的观点，翻译和全译、变译之间是属种的关系，翻译总的特点是保全，全译是变动较小的保全，而变译是变动较大的保全，那么这样的分类是否可行？变和保全是什么样的关系？有的学者提出质疑，周领顺（2012）认为，相对于全译，变译作为翻译的变种（翻译变体），表现为边缘对核心的关系；作为方法或技巧，表现为互相包容的关系；作为边缘化的成份，表现为从量变到量变（而不是质变）的关系，变译和传统上的全译不是并立的一对概念，变译与传统所称的翻译变体既是而非。

4.4 术语的理解方法和理解过程

从以上对中国当代译学术语形成的过程来看，西方译学术语的译介有误读和误译现象，传统译学术语所称谓的内涵难以确定，新创译学术语就不乏嫁接、误用、缺乏正确理据性等问题，要想解决这些问题，都离不开最基本也最关键的要素，那就是理解，什么是理解、理解什么、怎样理解等等。

4.4.1 术语的理解方法

术语是由自然语言组成的，必然同样具有模糊性特点。在此种情况下，应该如何厘定术语所称谓的概念呢？

首先要认识什么是"理解"。对术语的理解不同于对一般词语和语句的理解。"理解"这个词在这里并不是对概念的认知，并不是对象化的一种，而是一种对话过程，所以就有主观参与的过程。"理解"这个词，海德格尔曾经解释过，Verstehen，它是 ver-stehen，就是和某人某物打交道，mit etwas umgehen，有人翻译为"周旋"。实际上，"理解"是跟某个东西在进行周旋，在打交道。理解是双方对某物达成一致意见，就是这个意思，所以在对某个概念的理解过程中，概念得到不断的发展、深化和改动（洪汉鼎，2007：9~14）。

在理解一个术语的时候涉及到的是三个方面的因素：语词、概念和定义。通过对这三个因素的综合理解，从而对术语进行多层次、多方位的探索和研究，达到相互理解。在传统术语学中，概念是处于核心地位的，所以术语的定义即对概念的描述成为了解概念的关键。此外，对一个概念的分析最主要的是发现其理论背景，同时不仅回答"从哪里来"、"到哪里去"，还要问"为什么"这一系列的问题，从而可以追踪一个概念的起源和发展，对一个概念的历史进行勾勒，为概念构建相关的概念网络。除此之外，还要关注概念的发展变化。所以我们理解的术语的确定性不是指术语停滞不前、一成不变，而是说要在确切概念内涵和外延变化的基础上不断修正，赋予术语以一定意义的定义。理解一个术语所表达的概念也就是对一个概念的历史进行回顾的过程。

术语学的最新发展，比如社会认知术语学把"理解"，或者说把"术语"当作意义描述的起点，语言在构建范畴的过程中发挥着作用。也就是说，"语词"也是理解过程的重要因素。语言在理解过程中起到重要的作用，对同一术语也就是语词会产生不同的理解，特别是在进行跨语际概念转换的时候，因为语际转换关系到两种不同的语言。在一种语言转换到另一种语言中时，实际上是两种不同范畴的转换、不同世界观的转换，尤其是在人文学科的概念中，它们表达的是以人的内心活动、精神世界以及作为人的精神世界的客观表达的文化传统及其辩证关系，表达的是精神与意义的世界。哲学传统渗透在人文学科的其他学科中，并且是以其为依据的。这样就影响了学科术语概念的表达和所指。所以很多情况下，理解术语与人们的信念、背景知识、社会文化等因素息息相关，同时也就产生很多的理解可能性。术语的译名问题也源于此，由于术语的译名容易让人顾名思义地联想到某些并不相关的意义，并不一定能产生与源语读者相同的联想，尤其是那种在一种语言中存在，而在另一种语言中并不存在的概念，能够恰如其分地体现出来更不容易。

以"abusive fidelity"为例，下面从语词、概念和定义三个方面来进行分析。首先，这个术语从语词来看不禁让人疑惑 abusive 的涵义，以及它和 fidelity 之间的关系。如果说只停留在表面，abusive 的字面意义是"滥用的"，是一种贬义，但从上下文中看出其实并不是要表示这种意思。从定义上来看，"滥译"被界定为"强势的、有力的翻译，它重视尝试使用新的语言表达，对语言习惯进行改变，用符合译文自身特征的文字去对应原文的多重或多元表达手段"（Lewis，1985：264~283）。进一步来说，"abusive fidelity"这一术语的使用引出了一种新的"忠实"概念。在此概念下，译者对翻译过程中无可避免的走失进行补偿，做法是采取滥用文字的手段，获取"文本能量丛"，以便使原文的"能量和能指行为得到更新"。此外，对这个术语的理解必须把其置于解构主义和后殖民主义翻译理论的背景下，了解该词从德里达到刘易斯再到韦努蒂有一个语义发展过程，才能掌握这个术语使用的目的和演变过程（王东风，2008）。

对术语的理解，尤其是对人文学科术语的理解，通过使用这样的综合方法才能发现问题所在，才能避免出现不应当的误解，尤其是在不同语言的转换过程中。对术语的理解更为重要的是能够让概念自身与理解者之间达成一种一致和相互理解。这种方法还可以对历史遗留下的分歧问题，外来术语译法不同的问题，同一术语不同概念等问题给以一定的启示。

在术语的理解过程中，自然语言的模糊性对术语的理解造成一定的困扰；命名问题的自身缺陷使得无法根据指称，或把意义对象化进行理解；语境的不同而产生不同的理解等等。总而言之，对术语的理解并不可以简而化之的处理，通过对术语的三要素：概念、定义和语词的理解，我们才可以更好地了解一个术语的来龙去脉，发现每一个历史时期动态的、多维的、交错的概念网络，从而形成相互理解，并进而生发出新的概念和理论。

4.4.2 相互理解的过程

概念从此地到彼地的移动，从一种文化传统到另一种文化传统的旅行，这其间由于受到语境、接受、译者等因素的影响，容易发生或大或小的变化。两个概念之间的格义与反向格义都是相互理解的一种努力，但这些方法都有自身的不足，容易以偏概全，忽视概念中自身的特质，从而混为一谈。本研究认为概念融合的过程中需要有下面这样的理解过程，方能做好概念转换。首先要深入理解不同语言的"概念世界"起源（Deep Understanding），继而深描这个概念和相关概念（Deep Description），最后进行语词在不同语言语境中的比对（Discrimination）。这个过程也可以从佛经翻译的发展过程中加以借鉴，从最初的格义阶段到佛教义理研究阶段再到在完全理解基础之上的创造和发展。对西学的认识可以加深对中国固有学术的理解，对中国传统学术的认识也可以增进对西方学术的了解，中西学术会通之间的张力就在于此，这种理解方式可以获得对概念的相互理解。

理解的第一个阶段，对不同语言所承载的"概念世界"起源的把握，也就是对中国学术形态和西方学术形态的整体把握。"本立而道生"，不同语词世界中的"本"可生出不同的"道"。不同的"自然语言类型"可生发出不同的概念世界（李河，2005：221）。在各自的"概念世界"中，学术的发展和流变都是基于这样的基础，这种文化的连贯性是考察概念生成土壤的重要部分。西方学术文化形态通过对自身语言的探寻，即肇始于古希腊的"理性形而上学"传统，生发出对逻辑的追求。与此相对，中国学术文化形态则由于不同的自然语言类型而形成不同于西方的学术风貌、学术品格、学术特质的中国学术文化的存在方式，主要指的是中国的传统学术文化形态，中国学术文化形态有一套传统的治学方法，比如文字学、考据学、文献学都有自己独特的方式和方法。通过对中国的哲学传统、语言观与诠释观的了解，方能了解术语的起源及其背后的文化机理。尤其中国传统译学术语多是互相引用、互为参照的，比如钱钟书的"化境"、王国维的"境界"。所以在概念转换的过程中，首先就要有对以内在学理贯穿的、具有广阔学术视野的中国学术形态和西方学术形态的整体理解和把握。只有对中国传统的学术形态和西方的学术形态进行内在学理贯穿的把握和研究，才能在二者之间真正找到相通之处，进而学术创新，发现新知。

第二个阶段，对概念转换的研究需要两个阶段，即描写和说明，其中描写阶段是不可轻易跨越的部分，而是需要加深宽度和广度进行的活动，所以本研究认为在这一阶段需要用深描的方法对术语称谓的概念进行描写，"深描"是阐释人类学的概念，阐释人类学强调"解释之上的理解"（第五章将详细论述）。人类学家的任务就是通过对其描述和分析从而做出区分，进而找出其文化内涵（Geertz，1973：4~30）。即使是最为基本的民族志描述，也塞进了不少与之相关的东西，是异乎寻常地"深"，而一个理论的术语意义也很"深"，没有对其背后的整个学术文化、历史渊源的了解是无法对其进行分类甄别的。这里强调把深描与浅描区分开来，浅描是那种照相机式的现象性描写，深描是采取细致入微的描写，即对概念进行语境化、历史化和细节化的描写，从而达到对概念的深入理解。虽然人类阐释学和术语描写所描写的对象是不同的，但采取的方法则是可借鉴的，通过对细微处的深描呈现对象的方式方法、文化传统，建立便于分析的结构，也就是一种类属性的东西，另一方面从一些陌生的、不同的观念中理清其结构，并塑造自己的知识。深描的目的就如伽达默尔所作的概念史分析，实际上是要回到语词的原始经验中，来敞开一种可能的意义域，或古与今、过去与现在的同时性，从而帮助人们领悟到其中的真实涵义（何卫平，2007）。通过这样细致入微的描写，消除观念遮蔽，探索现象精微，从而获得更多的事实和材料，也就是现象学中的"生活世界"，然后在此基础上进行分析和阐释。

第三个阶段，考虑不同语言语境下语词的影响和作用。概念之所以会发生一些改变，其一是因为概念所赖以存在的语境发生了变化，语境发生变化后，语词所产生的影响和作用也发生了变化，比如，同一个语词在不同的语境中有不同的内涵和附加意义；其二是因为语词世界和概念世界的不可分割性，能指与所指，语词的物理—心理—社会因素与纯粹概念，作为语词构成物的文本与作为统一语词秩序的概念构成物之间都存在着间距（李河，2005：1）。语言的转换是不同文化相遇时的必然选择，所以对应语的选定需要多方位的考量，只有通过对概念和语词的纵向延伸和横向比较方能获得意义的源泉。而所谓"打通"、"比较"，钱钟书提出有两个不可忽视的要点：（1）打通和比较是"即异而求同，因同而见异"。离开异，无所谓同，也无所需乎通，异中求通，方为真通；（2）通不是无差别的通，而是存在这时间上有古今之差、文化结构上有正偏之异之通（杨义，2005）。

4.5　小结

本章展示了当代译学术语系统中传统译学术语和新创译学术语是如何形成的，是以怎样的面貌进入译学术语系统的；传统译学术语面临着继承和发展，新创译学术语则在面向西方和回归传统两个方向中不断探索。这些术语在吸收、借用、传承过程中也面临着一些问题，这些问题包括误读、界定概念，建立术语系统，借用是否得当。对形成过程的探讨不仅可以回顾和反映中国当代译学术语系统建构的过程，同时也可以为今后中国当代译学术语建设提供有益的启示，本章最后提出了解决问题的一个关键要素，那就是理解，如何看待理解这个概念，术语应如何理解，以及相互理解的过程应如何进行。

第五章

译学术语理解的基础：深描

上一章谈到的理解过程包括深入理解"概念世界"的起源，深度描写概念和考虑不同语境下语词的影响和作用三个方面。也就是说，理解中西译学术语，首先要了解中西概念世界，即各自学术传统的源头、特点和研究方法，其次要在这个大前提下对译学术语进行细致入微的研究，也就是进行深描，从而获得对术语的深入了解和相互理解。深描是理解术语的基础，现今翻译学的发展表明译学术语概念已形成了一个纵横交错的网络，在这样的网络中，概念之间相互借鉴和参照，概念不断地演变和发展，这些都成了需要描写的主要内容，只有通过认真细致的深描，方能做好剔爬梳理、探隐抉微的工作。本文借用了阐释人类学术语"深描"，"深描"是人类学家格尔兹首先借用并运用的一个概念，但在格尔兹的描述中，"深描"这一概念只是得到模糊性的表述，并没有提出确切性的操作方法。本章主要围绕"深描"这个概念，进行分析和整理，并指出深描的具体描写方法。深描方法是一种描写方法，不同于传统的规范研究方法，更侧重于对现象的描述和解释。在详细阐述深描方法之前，本章拟先探讨确定性和不确定性之间的关系，在此认识的基础上论及深描的可能性和方法论。

5.1 确定性与不确定性之间的关系

"不确定性"这一术语最初由奎因提出，奎因认为"翻译手册"（即语际对等系统）只体现出所有源语和目标语词项之间多种潜在的无限图谱中的一种而已，这些图谱彼此不相性容，但内部又前后一致（1960：75）。奎因的不确定性是指语言对应有多种可能。此外"不确定性"也是当代文学批评理论的一个术语。概括地说，不确定性指意义的不确定性，是文本具有的一个属性，同时进入并影响对文本的阐释，因此，不仅文学本身是不确定的，就连文学阐释也是不确定的。无论如何，不确定性是一种多元决定的结果，它决定着对文学作品或非科学著作的阅读和理解。就翻译而言，同一部作品的不同译本如同一部剧作经过不同的导演一样，或许体现了译者的不同阅读和理解，在这一点上，翻译理解的过程相当于批评阅读的过程（陈永国，2003）。后来所指的不确定性概念更加抽象，普遍地被看作为言说不可译理论，而非言说翻译理论（Pym，1992：181）。这种看法更多地与解构主义的学说和主张相关，解构主义是对西方文化传统的颠覆，它颠覆了自柏拉图、亚里士多德以来对结构、对理性、对终极性的超验所指的追求，解构了从索绪尔开始的结构主义，打破了逻各斯中心主义，颠覆二元对立。这种思想深深影响着各个学科，翻译界在这种思潮的影响下也对原文和译文之间的关系、译者的身份、译文的身份、翻译的标准如"忠实"等进行解构。原文不再具有权威的地位，源文不再是一个封闭的文本，就如前面一章所探讨的那样，翻译就是在时间和空间中所做的旅行，在时空旅行中不可避免地受到各方面因素的影响，所以原文也做了或多或少的改变；译者也不再是亦步亦趋的仆人，译者的身份从"隐形"到"可见"；译文从源文的生成物到以独立的身份存在。可以说解构主义以全新的视角给翻译理论和翻译界带来了深刻的启示。解构主义揭示了文本的无始源性、开放性和互文性，把包括文学文本在内的一切文本看成是无限开放和永恒变化的动态过程。德里达在其论文《巴别塔》中对翻译加以解构。

> "巴别塔"不纯粹是形容语言之不可简约之多样性的，它表示一种不完整性，对建筑体系、建筑说明、系统和建筑学等加以完成、总体化、渗透、完善的不可能性。众多习语所实际限制的不仅是"真正的"翻译，一种透明的、充分的相互表达，还有一种结构秩序，一种连贯的建构，那么（让我们翻译吧），就存有一种形式化的内在极限，结构的一种不完整性（德里达，2003：43）。

近来翻译界所探讨的多是不确定性的方面，而不确定性的对立面——确定性却为人所忘却。确定性与不确定性之间的关系实际上并不是对立的关系，也不是非此即彼的二元对立的关系，它们之间是"相互构成的必要组成部分（mutually constitutive necessities）"（Davis，2004：32），犹如有和无的关系一样，都是互为表里、互为依托的。就如结构和解构这两者之间一样，虽然解构主义出现在结构主义之后，但二者也并非是替代的关系。源文是开放的，翻译后留下踪迹、播撒和延异，但不管情况如何，有些要素使得传统得以继承、制度得以延续，也或者说我们需要在认识到翻译的不确定性基础上找到确定性的痕迹。尽管这些稳定性也是有限的，根据 Davis 的论述（2004：32），首先，在起源处总是存在差异；其次，一个文本的作者以及其在一个语境中的所为都不能完全确定在另一个语境中可以重复。针对奎因的"翻译不确定性"，戴维森对不确定性提出了自己的看法。戴维森的看法并不那么极端，而是更加宽容，因为

> "不太可能只有一个理论被发现是令人满意的。解释的不确定性是奎因的翻译的不确定性的对应物。按照我的方法，不确定性的程度，我认为，要小于奎因所想的…但无论如何不确定性问题不是最重要的（就我而言），意义或翻译的不确定性并不表示没法捕捉有意义的差别；它标明了这样的事实，某些表面的差别是不重要的。如果有不确定性，那是因为当所有证据都在的时候，可选择的陈述事实的方式仍然是开放的"（Davidson，2001：153~154）。

此外，"语言中的稳定要素——历史重复，法典化，制度化——可以接近文本，但不能穷尽和关闭文本"（Davis，2004：32）。德里达也指出了结构稳定性的要素。德里达一直在强调稳定结构、传统、习俗以及准则的必要性，以便能够让文本可理解。文本是可理解的，这是因为它们的痕迹是编码的重复。比如对弥尔顿作品的理解，虽然我们对那个历史时期知之不多，但因为传统符码（语言、文学、政治、文化等等方面）内的重复，我们可以对其加以理解。"我们有具有极大稳定特征的语境要素（不是自然的，普遍的和不可改变的而是相对稳定的，这样也是去稳定化的），通过语言能力，通过专名和家族相似结构的体验允许阅读，变化和变换等等"（Derrida，1992：64）。如何认识变动不居过程中的稳定要素是认识确定性和不确定性之间关系的关键。在解构认识的基础上去重新认识结构，认识结构中的稳定要素是十分有意义的，它不等同于结构主义时期对结构的看法，那时对结构的追求是一种本质主义的做法，是从人文主义和浪漫主义发展过来的思潮，从对主体的过度关注转向对普遍秩序和规则的追求，由于结构主义是建立在传统形而上学的认识基础上，虽然结构是使"意义得以可能"的条件，但却对其过于执着，把它过于宏观应用，反而使其失去了应有的地位和魅力。

在解构主义翻译理论出现以前，翻译理论更多的是追寻同一性，之后则更多的是关注差异性。在翻译理论的研究过程中，研究方法的不同、范式的转换直接影响着学者对翻译的认识、对源文的认识、对译本的认识、对翻译的确定性认识等等。库恩"范式"一词的提出让我们能更加了解科学革命产生的根本原因，那就是研究范式的变更或替换。所谓范式，是指在一个科学领域内，由科学家集体承诺并遵循的一整套标准类论、常规观念，以及相应的研究方法。在人文科学领域，包括翻译学领域，同样存在着这样一个范式变更的问题。新范式的产生通常是在旧范式遇到研究困境时所做出的新尝试，就如维特根斯坦的前期语言哲学观和后期语言哲学观发生的根本性转变。所以，对确定性和不确定性的认识也要建立在研究方法变换的基础上、语言哲学观发生变化的基础上，也就是对世界的认识从本体论向认识论的转向，从语言游戏向日常语言的转变。总而言之，任何理论的出现和发展都是历史语境的需要和结果。

5.2 深描的理论基础：确定性

既然有语言、结构等稳定性要素，那么需要搞清楚的就是这种基于稳定性的确定性是如何体现的，读者、译者所能把握的稳定要素是什么，我们通过分析哪些方面可以把握这些稳定要素，从而不至于让意义流于虚无。下面主要从阐释学、历时研究以及语言和文化三个方面阐述翻译的确定性。

5.2.1 阐释学视角的确定性

阐释学认为，概念栖息在语词之中，也就是说，语言的自然属性和人文属性是不可分开的，那么是如何获取意义的呢？根据戴维森的意义理论，戴维森认为，当我们说语言是有意义的（meaningful），我们并不因此将意义当做是一种抽象的实体（entity）或具体的对象。他认为，说一个语句或语词是有意义的，只是说该语句或语词是可以被理解的。在这样的想法下，当理解一个语言所必须涉及的要素被充分说明时，那个语言的意义也就被充分说明。避免将意义对象化，并以语言理解的导向去说明意义，诠释者必须以某人理解她自己意向性行为的方式，去理解她的意向性行为。对于言谈的诠释而言，真正的诠释是，诠释者以他的诠释对象理解她自己言谈的方式理解她的言谈（转引自林从一，2003）。戴维森对语言意义的理解不同于弗雷格的传统意义观，而是基于塔斯基的真理论，并基于这样的认识提出彻底解释和宽容原则，翻译也就是一种理解和解释的过程。不确定性产生的歧义并不抑制目标语听者或读者领悟信息含义的能力。彼此的理解绝非遥不可及。伽达默尔虽然承认真理是不确定性的，否认绝对真理的存在，但他认为文本是一个有意义的整体。"只有那种表现了某种意义完全统一性的东西才是可理解的。所以，当我们阅读一段文本时，我们总是遵循这个完全性的前提条件，并且只有当这个前提条件被证明为不充分时，即文本不可理解时，我们才对流传物发生怀疑，并试图发现以什么方式才能进行补救"（伽达默尔，1999：377）。

那么解释何以可能？成见、权威、传统、效果历史等构成了翻译和解释可能的条件。阐释学对成见、权威、传统给予了详细的说明。比如，理解者处于传统中，用传统来理解，同时对传统进行传承、改变和更新。正如胡克威所说的，"解释依赖于许多规范性的标准，我们在做下述事情时受到约束，包括寻找真信念，寻找合理融贯的信念集，避免归属无法解释的无知，寻找合理的愿望，寻找一致的选择模式，等等"（Hookway，1988：173）。这些规范性的标准就是结构中的稳定要素，即使得文本得以理解以及意义相对稳定的条件。

5.2.2 历时视角的确定性

不同的历史阶段存在不同的视域，这就是文本的历史性，处于某个历史阶段的共时研究往往挣脱不开固有模式的藩篱。历时研究，即历时地去看待某个问题，则可以有所突破。因为，一方面，可以通过追溯不同文化传统的源头，从而发现不同文化和民族在认识世界的方式上、对范畴的划分上，以及民族精神的形成上都有各自的特点。这些源头文化的性质决定了这个文化和民族的发展方向，从而也奠定了其对语言的影响；另一方面，通过对不同时期同一概念进行历时追踪，就可以获得这一概念的发展脉络，了解概念的发展和变化。这两方面的考察，能够让遮蔽的现象突显出来，和伽达默尔对概念史分析的目的是一样的。"实际上包含着一种区分和划界的工作，在这个当中要消除语言由于陌生或僵化所造成的遮蔽和困境，并不断激发、引导和深化我们的哲学反思"（伽达默尔，1995：95）。历时描写能够有力弥补共时描写的不足，呈现概念在漫长的历史长河里形成的一条自己的轨迹，找到自己的本原。这些都可以通过对事实的挖掘和整理形成，历时的描写固然也受到书写者的前见影响，但这一过程的事实通过描写将得以呈现。

5.2.3 确定性的语言文化基础：语境与连贯

德里达对西方的传统进行了彻底解构，但最终落为"文本之外别无他物"，后来又改为"语境之外别无他物"（见 Davis 2004：9），也就是说，最后的稻草经历了从文本到语境的转变。因为虽然文本是实实在在存在的，但它又是拥有自己生命的客体，这是不争的事实。文本处于一个开放的系统中，所以为各种各样的解读留下了很多空间。最终，德里达也不得不依赖语境这一要素。那么语境又指的是什么呢？自从 20 世纪 20 年代马林诺夫斯基提出文化语境和情景语境以来，国内国外有很多学者对语境展开研究，系统功能语言学创始人 Halliday（1994/2000）对语篇语境做了比较系统的研究，提出了一套情景语境理论，包括话语范围、话语基调、话语方式三个变项。在翻译界，李运兴（2007）提出"翻译语境"的概念，即上下文、情景语境以及文化语境。那么何以语境成为德里达的最后"稻草"？何以语境在翻译活动中成为确定意义的重要参照？本研究认为语境并不是一个具体所指，它实际上就是一个多维的网络，在这个网络里，我们可以对一个概念进行多方位、多角度的定位，从而找到相对稳定的意义。

除了语境可以提供概念的参照系外，与语境密切相关的另一个重要要素，也就是在语境的各个组成要素内部，以及组成要素之间都存在一种关系，那就是连贯。连贯这一概念是从 Halliday 和 Hasan 的《英语的衔接》一书中得到启示的，并且因而获得越来越深入的探讨，从区分衔接和连贯开始，接着探讨衔接和连贯的关系，继而到对连贯的认识逐步深入。从只把连贯当作是"深层内容的连接"（Beaugrande&Dreesler，1981：74）到认为连贯是衔接的上义概念。连贯这一概念得到学者的广泛关注，到目前为止，出现了韩礼德和哈桑的"语域加衔接理论"，曼恩（Mann）、麦提逊（Matthiessen）和汤姆逊（Thompson）的"修辞结构理论"，凡·戴克（Van Dijk）的"宏观结构理论"，威多逊（Widdowson）的"言外行为理论"，布朗和俞尔（Brown&Yule）的"心理框架理论"，丹奈士和福利士（Danes&Fries）的"主位推进理论"等等。这些理论从不同侧面反映了连贯的丰富内涵。

就连贯与语篇之间的关系而言，沃思（Werth，1984：51）认为"语篇的一个重要功能就是全方位地跟进在语篇中建立起来的世界，保持语篇和这一世界之间的各种关系。这就是连贯的作用"。从这里我们可以看到连贯不仅是语篇内部的关系，也是连接语篇与世界的重要途径。正是因为这一点，连贯不是单一层次的，不仅有语篇内各层次之间的连贯，也有语篇与语篇之间的连贯，以及语篇与世界的连贯，这样说来，这一概念也就是指借由语篇而展现的复杂概念网络。如贝克（Baker，1992/2000：180）曾说，连贯是概念关系网络，是构成表层语篇的基础。也就是说，连贯这个概念关系网络是构成语篇可以被理解，语篇称其为语篇的基础，此研究之基础即我们谈到的语篇概念如下：

当然，在正常情况下，我们不会看到"非语篇"（non‐text），也就是那种很深奥的"胡言乱语"（non‐sense）。谋篇机制（tex-ture）是一个等级概念。人们几乎不可能去构建一个毫无谋篇机制可言的任何段落进行解读，哪怕只有最渺茫的可能都会这么做。换句话说就是，我们假定了这就是语言的目的所在（Halliday&Hasan，1976：23）。

对语篇连贯的研究实际上涉及语篇分析的整个过程和几乎所有方面。它的产生虽然表现在形式上，但它本身不是形式层次的特征，而是语义特征，表现为语篇整体上的语义联系和语义一致性。而这种语义联系或一致性不是由语篇的形式和语义特征本身来决定的，而是由语言之外的因素决定的。语篇连贯的条件包括：文化语境、认知模式、情景语境、心理思维、语义联系即相关性（张德禄，2003：7）。其中这里面的文化语境、认知模式和心理思维方面，也就是语篇连贯的外部因素，仍然是可以把握的，同一个文化背景中的人们通常按照一套约定俗成的说话和写文章的规则和原则行事（语类结构等），人的心理认知模式（如图式、框架、脚本、心理模型、计划）等也有一些常态，实际上不同文化背景的人也存在着一定的共性，就如斯坦纳（2001：448～449）曾论述的由互文性引起的文化拓扑结构，并指出人类的基本知识用见与心理态势的种类是有限的。古希腊人已经发现了雕塑和语言两种最高境界的表达方式，从而穷尽了形而上学、视觉艺术、人文科学以及自然科学标准方面的主要内容。以后出现的人文和艺术成果都是在古希腊成就基础上的变异，是后人根据局部环境所作的调适或批判。文学、艺术、宗教、哲学、科学准则的"拓扑结构"表明：尽管一幅图形已被扭曲得面目全非，但支撑图形本质结构的点却恒常不变，西方诗歌、戏剧、小说、音乐、绘画、宗教中反映出的文化连贯性，归根结底，都深深依赖于对古代希腊、古罗马和古希伯来篇章中的"恒常源泉的不同选择"。所以，从语篇内部的语义联系和相关性到语篇外部的文化"行为潜势"（behavioral potential）（Halliday，1973）和心理认知模式来看，对于译者来说，源文语篇的连贯是存在的。"连贯的重构在翻译中是一个重要的过程"（王东风，2009：25）。

语境是概念产生时的各种关系网络，而连贯则是概念与概念关系网络的联系，通过对相关要素的描写，可以建立起与之相连的网状结构，获取对概念的全面了解，成为描写概念的一部分。

以《诗经》中《蒹葭》一文的译文为例，《蒹葭》一文拥有不同历史时期多个中外译者的译文，从中我们可以看到译者们对"伊人"这个形象的理解和翻译各有不同。这些译文主要分为两类，一类是传统阐释型，主要代表是理雅各的译文。理雅各借鉴历代儒家学者对该诗所作的传统阐释，将"伊人"译为"The man of whom I think"（1971：170）。他的英译在内容上极其忠实，但基本上是无韵的散文，既无节奏，也未用韵脚，因此构不成抑扬顿挫的诗歌韵律，属于研究型译作。第二类则认为《蒹葭》是一首关于爱情的诗，只是在"伊人"是男性还是女性这个问题上有分歧，中国译者（如许渊冲、汪榕培）多认为"伊人"是女性，而外国译者（如 Waley、Payne、Karlgren）多认为"伊人"是男性。

这些不同的翻译选择与对《蒹葭》的中文释义存在的分歧相符。在对《蒹葭》进行的古今释义上，历来也存在着以下几种情况，《诗序》中认为这是"刺襄公也。未能用周礼，将无以固其国焉"（孔颖达等，2011）。朱熹（1980：86）在《诗集传》中指出："言秋水方盛之时，所谓彼人者，乃在水之一方，上下求之而皆不可得。然不知其何所指也"。清代学者姚际恒（1963：8）云："此自是贤人隐居水滨，而人慕而思见之诗"。余冠英（1978：49）则认为《诗经·蒹葭》是一首情歌，"这是男女情歌，男或女词，可望不可即"。当代研究者一般把《蒹葭》看作是一首爱情诗，追求不得而苦闷惆怅的恋歌。可见大体分为"刺襄公"说、"招贤"说以及爱情诗三类。

从不同时期对原文的理解、阐释和翻译来看，可以看出对其理解、阐释和翻译的多元化，通过历时的描写，我们可以发现中国译者与外国译者对

"伊人"形象选择不同（理雅各的"The man of whom I think"（ibid），韦利的"he whom I love"（1937：129），许渊冲（1993：236）的"she I need"，杨宪益 戴乃迭（2001：194）的"my beloved"），叙事视角存在着差异（外国译者的女追男，中国译者的男追女），对其选取的形式迥异（诗歌、散文）。这些都体现着不确定性的一面，也就是说如果寻求确定的解释和译文，那是很难做到的，但是否就没有可以确定的呢？译者和读者可以确定的是诗歌的语言和语境带给读者一种共同感受，那就是对伊人可望而不可及的情境。所以对伊人形象的认知尽管多样化，不管追求的是佳人，还是隐士，但其高妙的意境是一致的，诗歌中追寻者——水——伊人这样的结构勾勒出可望却难企及这一具有普遍意义的情境，表达一切因受阻而难以达到的种种追求，读者心中因此产生共鸣。所以这些不确定要素并不能影响读者对其意境的体会，因为语境自有其连贯性。

5.2.4　不确定性中的确定性对译学研究的启示

不确定性中的确定性可以对译学研究在哲学层面的不可译性，和翻译过程所涉及到的源文意义、读者阐释、译者主体性等问题有着深刻的启示。在哲学层面上，翻译的不可译性与翻译的不确定性之间关系的这个论题可以由此得到更加深入的理解。首先，因为奎因的翻译不确定性衍生出指称的不可测知性和意义的不确定性，所以这个论题为翻译提出了一个初始的问题，即"翻译的不确定性论题本质上不是一个认识论问题，而是一个本体论问题"（单继刚，2007：189）。从后期很多学者的观点来看，翻译的不确定性是一个非常普遍性的论断，包括德里达从文本自身解构，巴特从阅读和写作角度，以及洪堡从世界观差异谈到的翻译不确定性，对于纠正以前对翻译的认识具有非常重要的意义。其次，奎因的意义理论是一个整体，它的三个部分，行为主义意义论、整体主义意义论和实用主义意义论，相互支持、相互论证，对翻译的不确定性做出了具有分析哲学特色的说明。此外，这一观点带有其个人在历史语境下的局限性，比如后期的戴维森将塔斯基的真理论方法引入，修正了奎因的研究。从这两点可以看出翻译的不确定性并非等同于不可译理论。翻译的不确定性问题让我们对之前本质主义、结构主义关照下的对文本终极意义、作者原意等想法进行抛弃，这个论断的提出呈现了事物的本来面目，让我们对翻译有了更清楚的认识，但这一观点并没有认为翻译是不可能的，并不能妨碍我们对两种语言基于认知心理、文化拓扑结构和文本语境方面的认识基础上进行转换，不确定性中确定性的存在进一步证实了这样的观点。

至于所涉及到的翻译过程各要素，如源文、读者和译者方面的研究，不确定性中的确定性也具有极强的解释力；第一，翻译时源文文本的意义是否是确定的这个问题，源文文本的意义可以涉及到语言、文化、文本、历史、作者等几个方面，前文提到的语境、连贯和文化拓扑结构等等让源文文本的意义处于一个各条线索交织的参照体系中，这个交织的关系网络将为意义的确定提供重要的参照，所以源文的意义将不是随意组合的；第二，不同的读者是否对同一个文本产生不同的理解，在这些不同的理解中哪些东西是共同的，哪些东西是个性的，哪些是确定的，哪些是不确定的。比如对"哈姆雷特"的理解，一千个读者就有一千个哈姆雷特，那么这一千个哈姆雷特尽管略有不同，但其身份都是哈姆雷特，这些共有的属性就是不确定性中确定性之所在；第三，其中与之关系密切的另一个问题就是译者主体性的问题，译者主体性是对译者这个主体的创造性、主体意识的强调。现如今从主体性转向了主体间性研究，主体间性研究就如同伽达默尔的"问答逻辑"、哈贝马斯的"交往"、巴赫金的"对话"以及克里斯蒂娃的"互文性"，使得翻译的主客体之间的沟通更加畅通，超越历史的理解，为共识构建良好的通道。不确定性中存在确定性再次证实了这些理论，并进一步推进了不确定性和确定性之间的关系。

5.3 深描的方法

"深描"的概念来源于阐释人类学。深描是阐释人类学家克利福德·格尔兹在《文化的解释》一书中借用吉尔伯特·赖尔的一个概念。人类学家发现即使是最为基本的民族志描述，也塞进了不少东西，是异乎寻常地"深"，这些简单的文化符号、文化仪式的背后深藏着这个民族看世界的方式，这个民族传承下来的传统。与此相似，译学术语尽管看起来是语言符号，但这些语言符号后面蕴涵着文化和历史的印迹，也就是说，一个理论的术语意义也很"深"，没有对其背后的整个学术文化、历史渊源的了解是无法对其进行深入了解并进而阐发的。虽然阐释人类学和术语所描述的对象不同，一个是文化符号，一个是语言符号，但运用的方法则是相通的。一方面，通过对细微处的深描呈现对象的方式方法、文化传统，建立便于分析的结构，也就是一种类属性的东西；另一方面从一些陌生的、不同的观念中理清其结构，并塑造自己的知识。

伽达默尔所做的概念史分析与这里提到的深描目的有相似之处。伽达默尔对概念史的分析实际上是要回到语词的原始经验中，来敞开一种可能的意义域，或古与今、或过去与现在的同时性，从而帮助人们领悟到其中的真实涵义。通过"解释之上的理解"，我们可以在不确定性的基础上找到确定性的要素，在寻找结构的稳定要素过程中回到"事物本身"，发现问题。胡塞尔认为所有的客观或科学事实最终都扎根于人们的生活世界（Kearney，1994：12），使研究者不为现成的框套所遮蔽，以自由的心态潜观默察、体悟和辨析现象与脉络。正是由于重视走向"事物本身"，才可以在敏悟的眼光下，让事物显现它自身。钱钟书说："我一贯的兴趣是所谓'现象学'"。消解观念遮蔽，辨析现象精微。而我们目前要力图做到的就是去发现更多的事实和材料。格尔兹虽然提出了深描的概念，并且对巴厘岛的斗鸡进行了深度描写，但并未对这一概念的操作性进行详述。本章则根据这一概念的理论依据进行细化，并根据描述对象的不同，提出具体的术语深描方法。

5.3.1 浅描和深描的区别

在谈论深描之前，我们需要区分一下深描和浅描之间的区别，因为从二者之间的区别上就可以深入了解深描的意义所在。浅描和深描之间是两个相对的概念。在《文化的解释》一书中，作者格尔兹借用了赖尔的概念，赖尔提到有两位正在迅速抽动右眼皮的少年，其中一个是无意的抽动，另一个是向朋友投去密谋的信号。作为动作本身而言，这两个动作是相同的。假如还有第三位少年在场，他想"给他的好朋友们制造一个恶作剧"，外行、笨拙、夸张而滑稽地模仿第一位少年的眨眼示意。事情并没有止于此，假设第三个男孩对自己的模仿能力不放心，为了表现效果会事前在家对镜练习一下，那么抽动眼皮者、眨眼示意者、滑稽模仿者和排练者的行为都是一样的。如果只采用浅描，我们是无法辨清动作的具体含义，读者更加无法从中辨清，实际上这里面存在很多的描写内容。从上面的分析可以看出，对任何一种人类行为和文化符号的描写和分析，由于其出发点、理论和操作方式的不同，在探析方式上或深或浅，都会产生不同的结果。虽然这里谈到的是文化符号，但语言符号所蕴含的意指结构也同样复杂和多变。一种语言代表着一种文化观。这样的复杂情形采用浅描的方法显然是不够的。

浅描与深描存在以下不同：（1）浅描是对文化表象的直观描述，而深描则是基于该文化意义结构的分层等级基础而做出的解释性描述（也就是说，在特定文化中其语言、行为等均有特定含义，民族志学者只有对其经过分类甄别意指结构（structures of signification）以及确定这些结构的社会基础和含义，才可能明白该语言和行为的意义并做出解释）；（2）浅描与深描的过程不同。浅描只是照相机式的"现象主义"描写，对所描写的现象加以描述，而没有仔细甄别各种现象，从而做出区分。深描的描写是显微镜式的，深描包括描写、比较分析和诠释三个阶段。描写是对原始资料的收集和呈现，尽可能进行特定化、细节化和情境化的描写，让资料自己说话。比较分析是要甄别现象之后的意义结构。诠释是对上述现象作出阐释；（3）深描是一种微观描述。微观描述并不是抗拒整个的社会、文明、世界性时间等宏大的现实与普遍的模型，而只是说，"典型的人类学家方法是从以极其扩展的方式摸透极端细小的事情这样一角度出发，最后达到那种更为广泛的解释和更为抽象的分析"（Geertz，1973：21）。

阐释人类学的深描对象是通过分析文化现象、文化符号进而找到其文化内涵，从异文化的位置来审视他者、塑造自我，而术语描写的是术语背后的理论背景、概念的发展变化和相关的概念和术语。阐释人类学关注的是文化内涵，术语描写关注的是概念网络，两者的最终目的都是了解他者认识事物的方式、特定文化的内在结构。深度描写具有下面几个特点：第一，格尔兹的"深度描写"强调显微法，强调发现，强调以小见大，以此类推的观察和认知方式；第二，深度描写需要 context，这种 context 就是特定的文化和社会背景。这就要求真正的深度描写能做到以大析小、以小见大，既能形而上地透析，又能形而下地认知。在形而上的理论构筑方面能够把握其深层结构，抽象、规律化地进行探讨，总结出行之有效的一般规律及普遍的具有操作意义的宏观指导性理论。在形而下的操作层面上则从认识论入手，收集、阐释资料，提供新知或矫正已知（如对"常识"的研究），以批判的角度对人类知识进行重新清理和审视（王海龙，2000：导读53）。对译学术语的描写，本研究认为需要在解释基础上进行理解，即经过描写、分析和阐释三个阶段，对其细节化的描写要尤其侧重。根据译学术语的特点，译学术语的深度描写主要包括对术语进行历史化、语境化和细节化三个方面的描写，下面主要阐述每个方面具体所涵盖的内容。

5.3.2 译学术语的历史化描写

译学术语的历史化描写指的是对术语进行历时的分析，给出这个术语的发展变化脉络，或者是概念史的发展历程。由于理解的历史性问题，这里考察的理解对象即术语的历史性，需要从两方面来考察：其一为术语的所指，即术语所称谓的概念的历史性，具体来说，同一个概念发生了怎么样的变化，用了什么样的术语来表达；其二是术语的能指即语言符号方面的历史性，即一个术语的能指在发展过程中发生了怎样的变化，所称谓的概念是否外延或者缩小，或者有了新的所指等等。这样的研究对学科的梳理以及概念的澄清和甄别都起着重要的作用。

李清良在《中国阐释学》中提到了中国古代学术的双重还原法：第一种为本质还原法，即向事物之原初状态的还原；第二种为存在还原法，即向领会之原初状态的还原，即古人所谓"切己体认"法。对术语的历史化描写主要是结合这两种还原方法，其中本质还原法这种向事物原初状态之还原，可以说是解决目前纷繁复杂现象的一种可靠而又有效的方法。存在还原法则可以描写不同的学者根据自己的理解所产生的看法。也就是说，历时地考察术语在不同历史时期的语义变化，进而寻绎到其最初的状态。"中国古代学术包括文论，往往采用一种可以称之为'本末思辨'的思维方式，它的具体操作方式是'原始要终与执本驭末相结合'。所谓原始要终，是指通过对事物的发生或发展过程的考察，获得其最为本质、本原的东西，是通过'通古今之变'而来'究天人之际'；所谓执本驭末，则是运用原始要终所获得的'本'来驾驭纷繁复杂的具体现象即'末'"（李清良，2001：19）。存在还原法和本质还原法正是通过这种"本末思辨"的思维方式来达到对术语和概念的了解。对术语的历史化描写可以通过追踪这一概念的发展过程发现不同学派、不同学者的观点，以及施加影响的各种外部因素。对术语的历史化描写还可以避免出现对同一术语的起源以及发展和变化无从追踪的问题，从而出现各家各持己见的现象。

5.3.3 译学术语的语境化描写

在共时研究中，"语境"是确定研究对象所处位置的非常重要的参数，任何一个理论或者学说都是在一定的语境下产生的，但语境具体指的是什

么，观点各有不同。本研究中，术语的语境化描写是对前面历史化描写的有
力补充，即详细说明其出现的背景和语境。为了更好地说明术语语境化描写
的具体所指，概念的语境描写分为三类：存在语境、阐释语境和比对语境。
存在语境，主要指事物存在的那个源头语境。从本末来分的话，这一部分主
要描写"本"的这一端，从这部分中找出根本问题，或许可以说是翻译学
中存在的一些类属性的问题。比如，亚里士多德凝炼地提出西方哲学史上第
一个关于存在的哲学范畴表。它通过分析名实关系、主谓词及其对象的关
系，确立范畴分类的标准；论述了本体的中心主范畴、属性方面的次范畴和
后范畴。这些问题在翻译学中我们可以称为"母题"，或者如斯坦纳所说的
拓扑结构，在此基础上衍生出各种变量。阐释语境，这一部分是对历史化描
写的解释和说明，就是描写——解释——理解这个阶段中的第二阶段。从理
论背景出发，探究理论或者学说产生的起因、背景以及所关注的要点。每个
理论都是在特定的历史背景下产生的，理论都是对另一个理论的反拨，从其
所针对的理论的出发点找到问题所在，并对概念发生变化进行分析和阐释。
比对语境，主要指的是对术语在不同语言环境中的意义和使用情况进行比
较。因为虽然是同一个术语，但由于语词在不同语言语境中所附带的意义有
所不同，以及术语的旅行也会引发一系列的变化，所以其概念也会相应发生
变化。在这种情况下，对同一术语的理解和解释难免会产生诸多不同。通过
对比语境可以让读者看到同一术语在不同语言中的不同，所附带的感情色彩
和其中发生的一些变化，会清醒地认识到这一点，从而不会因此而误用或者
误读这一术语。

　　从这几个方面进行的描述，构成了从整体到局部到细节的诠释学循环，
所谓阐释学循环就是"从个体出发去理解整体，并且从整体出发去理解个
体。正是由于为整体所支配的部分同时又支配着整体，意指整体的意义预
期，才得以成为明白的理解"（伽达默尔，2003：40）。也在此过程中获取
对术语所表达的概念所呈现的"世界"。任何一个术语都是多个参数相互映
照的结果，所以当通过对其进行各个维度的分析和定位的时候，才能在意义
之网中找到其合适的位置。

5.3.4　译学术语的细节化描写

　　译学术语的细节化描写是深度描写区别于浅描的一个重要方面，细节描
写可以为概念勾勒一个轮廓，因为不同的理解会导致对文本细节的不同解

释，所以细节的详尽描写可以更好地使得概念不受到既有观念的束缚，让细节自己说话。正是因为有了细节化的描写，方可以以小见大，呈现更丰富的概念和更细致的梳理。这部分内容主要包括两个方面：一个方面是从语词方面对术语进行探究，并辨析相关术语；另一个方面是对术语的相关文本和相关概念进行描写，形成概念网络，对文化类属性方面产生一定的认知。这样的描写可以挖掘出一些被掩盖住的现象，找出相关要素，从而不只是从单一一个固定的角度去认识术语的方方面面，还为概念的发展和深入呈现更多的视角，从而发现新知、纠正已知。这种对细节的认识是术语深度描写需要着重注意的地方，正是通过挖掘前人所没有注意到的细节才能有所发现，从而获得对已有知识、固有模式的重新认识和把握。此外，"格尔兹将文化界定为符号的系统，认为要获得对一种文化的真正认识，必须主动、动态、细致地分析作为符号系统的文化中的各部分的构成、他们之间的意义关联以及构成关系中意义的指向"（段峰，2006）。语言符号也可以体现文化各部分的内容，通过对这些方面进行细致的描写可以对文化传统和学术传统的要素和脉络加以勾勒。翻译学的研究路径是多方面的，有从语言学入手的，有从文论入手的，也有从社会学和伦理学等等学科介入的，在吸收的过程中，大量其他学科的术语也源源涌入。在这种互相交叉、互相借鉴的过程中，出现很多相关概念。对术语各个方面的描写可以提供一个多方位、多元、多维度的展示，同时也为某个借用的术语在翻译研究中的应用提供相关的背景，为厘清和确定这个概念奠定坚实的基础。通过对术语的历史化、语境化和细节化的描写，使术语在形成和使用之前得到详细的描写、分析和解释，这对了解概念的界定、概念的内涵和外延、概念的来龙去脉、概念的发展都有重要的意义。

5.3.5 深描方法的不足

深描尽管通过对术语的语境化、历史化和互文性的描写而洞察细致入微的现象、辨析事物本身，但其自身仍然存在不足，有的是自身本体论上的，有的是方法论上的。首先，由于深描方法是基于阐释人类学的，格尔兹的象征或解释人类学是对异文化中深潜的象征、联想与意义的探究。这一类型的人类学把文化视为文本加以解读，它与文艺评论及其他阐释学类型一样，依赖于解释者个人的天分、感知的本能以及探知潜隐意义的能力。所以难免具有类似于其他类型的阐释学所具有的主观"过度解释"的嫌疑（王铭铭，

1999）。这一特点就是理论本身的局限，因为这个问题就是通过阐释来发现的问题，所以必然带有个人的视角和分析。深度描写本身的魅力在于独特的视角和细致的分析。描写本身不是目的。其实，任何描写都有其角度，描写不是自然记录，描写不是照相机，它是为阐释服务的。同样，世上也没有纯客观的"阐释"。阐释的过程总是无奈地映上阐释者的影子和打上其阐释观念的烙印。这就需要通常意义上说的对阐释的阐释。不幸的是，这种阐释的循环权有可能最终成了柏拉图所云的"影子的影子"，和真理隔着三层。精辟的阐释可以鞭辟入里，直捣黄龙，发人深省；而末流的阐释却是以其昏昏，使人昭昭。更不幸的是阐释的高手和末流的阐释者的界限有时却又那么难以区分（王海龙，2000：52）。

其次，无法避免的是内部视野和外部视野的问题，每个观察者都处于一定的社会和历史背景下，也就是文化持有者的视野，所以对观察到的现象如何进行归类、如何加以解释都是难题。理论难点和悖论在于，他要求以全新的视角观察和阐释文化现象，既进入角色又有清醒的异己意识，既不是本族人又不是外来人，去进行一种非功利性的（to be value-free）探索和评价，把"文化持有者的内部眼界"消解成自己的眼界而做到水乳交融、出神入化，把它锤锻成对异域文化和对上古文化的解迷之钥（王海龙，2000：53）。如霍尔在论述文化表征、意义与语言时特别强调指出，意义、语言和表征在文化研究中尤为重要，因为"归属了一种文化就是大致上归属同一个概念和语言的世界，就是去了解各种概念和观念是如何被转换成不同的语言的，以及语言何以能被理解为涉及或指称世界的。共享这些事物就是从同一概念图里面看世界，并通过同一系统理解世界"（霍尔，2003：22）。从同一概念图里看世界，并通过同一系统理解世界，这样的再现只能是自我想象的表述。这种本土的思维结构并不是轻而易举地就能够发生改变的，他们会根据自己的文化图式重新归纳外来的信息，使其成为本土的解释。

5.4　对术语翻译的启示

学术术语翻译问题一直吸引着各界人士的广泛关注。早在1998年辜正坤先生在《中国翻译》上曾探讨这个问题，文章说"术语翻译问题一方面固然可以丰富本族语，活泼学术风气，但如果处理不当，也可以玷污、破坏本族语，败坏学术风气。尤其是那些具有重大意义的关键性术语一旦进入中文，常常会产生连锁反应，引起中国学术用语的相应变化"。由此，在这样的情况下，术语研究学者一直以来力图通过研究术语的规范和统一来解决这样的混乱状况。但传统的研究方法随着新问题的出现和研究的深入而面临新的挑战，比如同一术语的意义并非一成不变，译名上存在细微差别，但各有其存在的合理性。术语具有强大再生能力，比如"诗学"和以它为后缀所组成的术语像历史诗学、文化诗学、翻译诗学等等，涵义十分丰富。术语翻译引出的这些问题迫使对其进行重新梳理并阐释。

术语所称谓或表示的概念在不同语言中通常会出现下面四种情况：（1）完全对等；（2）部分重叠；（3）包含；（4）完全不对等（Arntz，1993：13~16）。这四种情况中完全对等只是其中的一种，在现实世界中所占比例很小。如果译者给出译名后不加任何说明和解释，目的语读者会把这些词的意义与那个术语对等起来，甚至望文生义。如果两种语言、文化传统和研究范式大相径庭，则会加大造成这种混乱的可能。由于译学术语的特点，采取去找对等术语的方式是不够全面的，这也是造成众多混乱的原因之一。术语翻译不仅仅是一种符号的转换、概念的移植，它承载着更多与语言相连的要素，比如世界观、思维模式和文化语法等等。所以，首先，在进行语际翻译时不仅要考虑符号能指的对应，更要考虑两种语言世界观，两种范式下概念的碰撞和交融。其次，在语际翻译时还有一个与文化倾向相关的问题，那就是一种对地方性知识的尊重，对他者的尊重，这也是文化交流的一个主要目的。Martha（2007）在其论文里提到严复的"信、达、雅"中的"达"，如果翻译成 fluency，很容易让国外学者把这个词和 Venuti 所用的 fluency 相混淆，而且也不能让外国读者对严复的这个概念产生正确的认识，对中国的文化传统形成不了任何概念。在翻译学术术语的时候，实际上是两种语言文化和知识传统的交流和协商，两个不同概念系统中的概念是不能单靠语言符号完整、丰富并且有所区别地展现给对方的。

术语的翻译问题从西学东渐开始就困扰着众多的学者，也引起过多次学术界的争论，这些争论主要围绕着如何翻译和译名的规范等问题（第一章有所提及），人文学科的术语由于其自身的特点使问题更加复杂，目前普遍存在的都是"各抒己见"的做法，也就是由使用者对其进行限定，这种存异而不求统一的做法固然有其道理，但不免会造成混乱的局面。最为重要的是，学术术语问题与学术话语系统息息相关。正是由于术语翻译目前遇到的这些问题，本研究提出一种与深描密切相关的方法，即深度翻译的方法，深度翻译的方法是由阿皮尔首先提出的。Shuttleworth & Cowie（2005：171）认为，虽然阿皮尔具体谈论的是翻译非洲谚语的问题，很显然，不管是以脚注、词表还是以长篇序的形式出现，任何包含大量此类解释性材料的目标文本都适用这个术语。所谓深度翻译，亦称厚语境化（thicker contextualiza-tion），是指在翻译文本中添加各种注释、评注和长篇序言，将翻译文本置于丰富的文化和语言环境中，以促使被文字遮蔽的意义与翻译者的意图相融合（Appiah，1993：417～429）。虽然深度翻译的方法不免会增加译文的厚度，但这种方法可以厘清概念，获得对概念的充分理解，从而深入了解对方的学术传统和文化传统，并进而加以借鉴和发展。这种做法能够更加表达对他者文化的尊重，避免不必要的误解，避免产生概念不清、混乱不堪的学术风气。此外，术语的统一性原则问题，即术语在不同语境中都采用同一个译名，这样的做法实际上造成了很多令人不解、拗口以及生硬的表述方式，因为在不同的语境中术语所侧重的意义会有所不同，如果不加以注释和说明，则会给术语的理解和文本的理解增加一个大大的屏障，无法呈现其真正的面目。某些术语在不同语境下确实具有不同的意义，而不是不同作者在运用方面的千差万别。这种方法可以帮助确定术语应当在什么时候区分一个以上的不同意义，以及如何去区分这些意义。

5.4.1 深度翻译的适用性

深度翻译的方法是通过注解以及附属词表形式把文本置于丰富的文化及语言环境中，这样的方法不只包含注解的问题，还包括很多其他解释类材料。在术语翻译和使用的过程中都不免要涉及到注释的问题，尽管这里我们谈到的是术语的深度翻译方法，但其实这种翻译方法曾经用到很多不同的语料中，在哲学文献、文学作品、文化典籍、学科术语的翻译中都有这样的使用。比如我们熟知的张谷若的译作《德伯家的苔丝》以及其他译作，张佩瑶的《An Anthology of Chinese Discourse on Translation》，以及陈中梅的《诗学》。这些译作在某种程度上改变了我们对译作的一种期待，因为里面还有很多的注释，或者说是解释性的材料，增加了原文的研究性内容。就目前来说，我们对引入的文学作品和学术专著的理解还远远没有达到充分的程度，就如林琳（2007）在谈到亚里士多德《修辞学》中的术语翻译时，认为

"译者们对一些重要术语的理解不够准确。术语翻译的典型问题体现在，译者提供的译名有的忽视了中西方修辞学科内涵的差异，有的混淆了术语的古今含义，有的只涵盖了术语的个别意义，而有的则没有注意到术语在不同上下文语境里的含义变化。术语的理解显然直接影响着重要句子意义的传递"。文中所指出的问题也从另一方面证明了在学科术语翻译和使用过程中理解的重要性，在理解的过程中还要注意到概念的跨时空旅行所带来的翻译延异，所以深度翻译一方面可以通过对术语的深描帮助译者深入理解术语，另一方面可以获取更多的研究性资料。

尽管之前这种翻译方法多称为加注的方法，但其实就是一种深度翻译的方法，只不过加注方法的使用目的是为了加强理解，而深度翻译是建立在深描基础上的翻译方法，以尊重地方性知识、尊重差异，也就是在后现代背景下重新思考同一个问题，增加了新的角度。但深度翻译方法是否适用所有文本类型，这一点是值得思考的问题。就目前所使用的情况来看，这些含有丰富文化内容和思想内容的材料十分适合深度翻译的方法。这种方法需要我们用古人的"注而不述"的方式进行理解和研究，这样才能对自己所译的材料有深入的分析和解读。而对其他材料的翻译也可以加入译者注，但这种注释应该以不影响读者的阅读为界限。如果读者对其失去了阅读兴趣，或者阻碍了原文的阅读，那将是不可取的。

需要注释的情况和注释的内容都是见仁见智的问题，如果说注释的内容过多过细，不仅增加了译作的厚度，也增加了读者理解的难度，所以深度翻译问题也存在着程度问题，文学翻译的译注问题谈得很多，而在众多的译者中做得非常突出的就是张谷若先生，他的很多译作都是采用直译加译注来完成的。深度翻译可以涵盖什么样的范围，达到什么样的深度？基于这个问题，有的学者通过对张谷若的译作进行分析，发现张谷若的注释涉及地理、历史、地名、人物、宗教、科学、法律、神话、习俗、艺术、作品、评论、词源、典故、修辞、技法及其他各种各样的事物（孙迎春，2004：82～83）。而陈中梅先生所译无论是荷马作品还是亚里士多德的《诗学》，每部译作都含有大量的注释，有些注释占了全书的1/4～1/3。而且，注释中除了名词等常规注释外，还有大量的研究性注释（就是提示读者注意，某细节可能具有某些含义；或者，某描写在书中经常出现，值得注意）。陈中梅先生提出了一个相当根本的问题："以前的翻译家都更像是文人，而现在我们应该向学者型过渡"。就目前的研究态势来看，我们更应当对这样的观点持深思的态度，因为就接受方面来看，这样的译作得到了读者的高度肯定。张佩瑶在其《中国翻译话语英译选集（上册）：从最早期到佛典翻译》一书中从四个方面进行了深度翻译的尝试：选、译、评、注，也就是从成书目的、选材准则、翻译策略以及评语和注释方面来加以说明。从上面三位译者所采取的方法来看，他们针对不同的翻译材料，所采取的翻译策略和方法都略有不同，尽管其中都提供了丰富的解释性材料，但侧重点略有不同，所以从这一点看与翻译目的息息相关。

在对译注的研究中，赵庆云（2005）认为文学翻译中的译注基本分为三种：释源、深化、追加。邓小青（2004）探讨了文学翻译中的注释问题研究，程堡青（2006）的硕士论文讨论的是文学翻译中对译者注的研究。文学上的翻译，主要是在下面的八种情况中做出注释：为专有名词提供附加的文化信息；保留原语的形象表示法；处理译语中的文化空缺现象；解释不同的风俗习惯；对文字游戏提供文化信息；为典故提供文化信息；解释文化信息过载的译语句子；为译语读者提供文化背景以加深译语读者的理解。采用深度翻译方法的时候就是需要添加丰富的文化及语言环境材料的时候，不同文本所侧重的内容也会有所不同，就术语翻译来说，更多应从理论背景来考虑，从深描的三个方面来考虑，即历史化、语境化和细节化三个方面。除此之外，还应考虑很多基本的加注原则，比如我国学者袁可嘉（转引自罗新璋，1984：91）提出注释的六项原则：体会作者的意图；照顾读者的需要；明确畅达的文字；适当的字数；醒目的注释符号；适当的注释位置。

本研究认为深度翻译提供的解释性材料可以分为说明性材料、研究性材料和评论性材料，这三方面的材料同中国古代的注疏方法有类同之处。中国古代的注疏是注和疏的并称，注是对经书字句的注解，又称传、笺、解、章句等；疏是对注的注解，又称义疏、正义、疏义等。注、疏内容关乎经籍中文字正假、语词意义、音读正讹、语法修辞，以及名物、典制、史实等。虽然两者注释的对象不同，中国古代的注疏是对经史子集的注释，而深度翻译方法的注释对象则是引入的外国理论，或者是输出到国外的理论。但是这样的策略或者方法对深入了解他国文化和理论，避免一知半解的使用无疑将起到巨大的作用。

5.4.2 深度翻译中的操控要素

因为深度翻译需要添加的解释性材料都是经过译者甄选的，所以翻译中的操控因素，比如解释的目的、意识形态、诗学和赞助人等等要素都会体现在其中。在翻译活动中，这些要素将对翻译的策略和方法施加重要的影响，甚至是根本的改变，这些要素能够影响选择什么样的材料、在哪里增加，以及增加多少解释性材料等等。比如在刘重德先生审校的英译《论语》中，赞助人机制对翻译中的注释活动起到了重大作用。同一作品不同时期版本的译作更能体现出这样的差异，因为不同历史时期读者的期待视野存在着巨大的差异，以及译者各自的翻译观和翻译策略不同，解释性材料的增加方式就更加不同，再比如在《格列佛游记》不同时期的版本中，有的运用大量的注释来解释小说的历史背景，有的则倾向于仅靠注释来传达小说的内容（杨秋红，2009）。所以，尽管深度翻译方法在解释性材料选择方面存在着并不完全相同的看法，但这种做法已为大多数译者所认同。加译注绝非小道，绝非画蛇添足，但需要根据读者的需要、翻译的目的做适当的调整。

5.4.3 深度翻译方法的不足

深度翻译方法最明显的不足就是伴随它会产生很多的解释，无论这种解释所采取的形式是夹注，是脚注，或者是附图表，这些都会增加译文的厚度。如果译文中存在的注释过多，那么这样的译文是否会影响读者的阅读体验，读者反应这一翻译过程中被日渐重视的要素极有可能会影响深度翻译的使用。除了读者的阅读过程会受到打断外，还有可能对原作进行某种程度的自我解读，干扰了读者解读原作的权利。

此外，译者在解释的过程中需要对材料进行选择，这也就是说选择什么样的解释材料对术语进行描写、说明，在深度翻译采取的各种形式中，如何能够更好地呈现各种关键性的材料，以及如何在纷繁复杂的材料中进行甄别和选择，都需要译者能够有雄厚的知识储备和术语方面的知识，这些方面都仍有待给出更加具体的研究。

5.5 对译学术语辞典编撰的启示

对于辞典编撰来说，目前主要采用规定与描写两种方法，奈达曾说，虽然术语是"帮助理解的重要工具",但我们不能让它们去"规定它们所释事物应当或不应当具有何种性质"(转引自 Shuttleworth & Cowie,2005:xxi-ii)。也就是说在这个过程中描写的方法是不可或缺的,所以深描的方法无疑是具有阐释学理论基础、人类学操作性的一种术语描写方法。这种方法可以通过一个切入口让我们掀开丰富而复杂的现象世界,从而获得对概念的深入理解和解释,解决一些难以处理的问题,比如术语的模糊特征方面的问题,有时术语并不是一些意义单一的、独立的单位。

就目前已出版的译学术语辞典编撰来说,《翻译学研究词典》的编辑理念就有这样类似的想法,"本词典认为有必要对术语提供涉及面较广的解释,而不仅仅是提供一种观点。翻译研究包含了许多不同的、往往是互为冲突的概念、认识与理念"。同时,"本词典在编撰过程中所采取的,基本上是一种不'品头论足'的手法,按此手法,词典主要记录近十年当中出现过的知识和思想,而不是用大量篇幅来区分各种新型术语的不同意义"。为了学科发展的需要,描写性的术语辞典可以为研究留下更多的思考空间。

5.6 小结

探讨确定性和不确定性之间的关系实际上也是在探讨术语的模糊性和单义性之间的关系。确定性和不确定性二者之间并非是相互替代、相互对立的关系,在不确定性的基础上重新认识确定性可以让我们找到理解的基础。不确定性并非是指否定一切,而是指文本的开放性和主体性的多元化,在不确定性中有相对稳定的要素可以重复、可以典籍化,但在确定性中又蕴含着变化的力量。在追踪溯源、语境和连贯的体现,以及文化拓扑结构这些要素的共同作用下,概念网络中的意义可以得以呈现。通过对确定性和不确定性之间的关系进行分析,可以更加明确意义的变化范围并不会变化万千。明确两者之间的关系,在不确定性的基础上认识确定性才会对翻译研究有更加深入的认识。

而对术语所称谓的概念进行深入理解,是规范使用术语需要经历的一个重要阶段。也就是说,深入理解即是对概念进行描写和说明,也就是阐释人类学所主张的语境化、细节化和历史化的深度描写。只有经过了对概念细致的全方位梳理方能获得对概念进行分类、定义,才能比对不同语境下概念的不同，才能进行概念转换等等，进而可以在这样的描写过程中反观自我、塑造自我。此外，我们了解到这样的深度描写，不仅可以获得详实的资料，也可以发现背后的问题和现象。

第六章

个案分析

本章选取了两个术语进行分析，之所以选择这两个术语，是因为它们一个代表了中国传统译学术语，一个代表了西方译学术语，通过对它们的深度描写可以更好地呈现术语形成过程中所遇到的理解上的分歧，以这两个术语为例可以更好地证明深度描写是深入了解概念的起源、发展和变化，是了解中西语境不同的重要方法。

6.1 对 "translationese" 的深度描写

前面几章已论及术语的理解方法、描写方法和翻译方法，本章将以 "translationese" 为例加以说明和论证。对 "translationese" 这一术语的理解及其译名目前还存在着混乱的状况。笔者利用中国期刊网对 "translationese" 在国内学术论文中使用的情况进行了检索，发现共有 19 篇文章关键词含有 "translationese"，其中 7 篇将其视为 "翻译腔"，6 篇文章将其视为 "翻译症"，5 篇文章将其视为 "翻译体"，1 篇文章认为应把 "翻译体" 和 "翻译症" 区分开。

根据前文所述，就术语的理解方法来说，理解术语要从语词、概念和定义三个方面入手。首先，从构词上来说，"translationese" 是 "translation" 与后缀 "ese" 结合构成的一个名词，ese 尤作贬义，意思是 "in the literary style of"，即 "……的文体"、"……的风格"。其次，从定义上来看，各个字典给出了不同的定义，"translationese" 在中西两本术语辞典中的定义如下：

在《翻译研究辞典》中，"translationese" 的英文定义为通常用来指因明显依赖源语的语言特色而让人觉得不自然、费解。甚至可笑的目标语用法。不恰当地使用源语的比喻和句法、不自然的词序、大量生硬的术语，这些都是翻译体的典型特征。

在《译学辞典》中，"translationese"的中文定义为，其主要特征为文笔拙劣，即译出来的东西不自然、不流畅、生硬、晦涩、难懂、费解，甚至不知所云。这种症状往往不是由于译者文化水平低、写作能力差而产生的，而是由于译者在翻译过程中受原文表达方式的影响和束缚，使译文不符合译文语言的表达习惯。

在《中国翻译词典》中，"translationese"以"翻译体"的条目形式出现，编者将该词定义为：翻译体，又称翻译腔或翻译症。

在《汉英双向翻译学语林》的汉英术语对照部分将"翻译体"译为"translationese"，在英汉术语对照部分把"translationese"译为"翻译体，翻译腔，翻译术语"。

在《中国译学大辞典》中，"translationese"对应语为翻译腔。有不同的表现形式：一是平庸的译文。平庸的译文并非有错，而且意思也能明白，有的时候意思成句明白而成段不明白，但是不显豁，不鲜活，没有文采，没有趣味，不生动，不吸引人，让人读起来提不起劲儿，俗语叫"味同嚼蜡"。二是不自然的语言。三是过度翻译，即乱加文辞以显高雅。

再次，从概念上来说，定义通常只能让人了解现象，而若只关注到定义就不再向前，那么对问题的产生以及其他相关方面的研究就都忽视了。"translationese"所称谓的概念是多层次的，并不单一指示唯一的一层含义，而目前给出的定义往往（只能）侧重其中的一个方面，所以在进行理解的时候就需要从概念方面多加探究。不仅如此，在中西两种语境下术语所称谓概念（有时）也有所不同，下面通过对这一术语历史化、语境化和细节化的描述，从而获得对这一概念的深入了解，继而探讨与这一术语相关的翻译问题，同时也为这一概念找出新的研究方向和关注点。

6.1.1 对"translationese"的历史化描写

尽管定义中列出了"translationese"在语言中的一些表现形式，但对"translationese"表现形式的认识并不是固定不变的，随着翻译研究学者对翻译的认识更新，以及视角和范式的改变，"translationese"经历了三个主要的阶段，下面通过对这三个阶段的介绍为概念的发展提供清晰的轮廓。

第一个阶段，主要探讨 "translationese" 这一问题产生的原因以及现象，这个现象通常表现为不恰当地使用源语的比喻和句法、不自然的词序、大量生硬的术语，主要特征为文笔拙劣，即译出来的东西不自然、不流畅、生硬、晦涩、难懂、费解，甚至不知所云，比如公式化的翻译体有很多表现形式，用多余的字句表达含混的思想。这一现象主要由下面三个原因引起，第一个原因是受源文语言表达方式的影响和束缚，译文不符合译文语言的表达习惯，也就是说，源语对译语的影响过大，译语没有摆脱出来，或者难以摆脱出来。Duff（1981：113）认为源语干扰的潜在影响如此之大，他甚至可以说源语是在对目标文本行使"专制"；第二个原因是译者没有好的文字水平，以及写作能力。尽管在《译学术语辞典》中说这种症状不是由于译者文化水平低、写作能力差而产生的，但很多学者认为译者的水平是其中的一部分原因，比如余光中（2000）、黄忠廉（2005）等。Newmark（2006：78）认为，translationese 是由于无知或者粗心而产生的错误，当译入语不是译者习惯使用的语言或者是译者习惯使用的语言时经常产生。第三个原因是译者所采用的翻译策略和方法，翻译过程中过度使用直译（literal translation）。Newmark（2006：78）认为当源文的文本片段因直译而造成歧义和误意，或者没有什么明显的原因而破坏用法时，translationese 属于干扰（interference）领域。

第二阶段，有些翻译理论家如 Robinson（1991：60）以及 Venuti（1995：3~4，117~118）质疑翻译体与"劣质翻译"之间的必然联系。Robinson 认为，虽然当时主流的观点是反对翻译体的，即反对让翻译听起来像翻译，认为好的翻译就应该和读源文一样，但实际上，不允许翻译听起来像翻译，不过是文化上的禁忌罢了。这里，"翻译体"的含义已不再是贬义，而是带有中性的含义。对翻译体现象的重新认识源于翻译研究出现了新的研究方向和新的范式，也就是说，从一种主观的规定性研究转为更加客观的描述性研究。这样的认识是对传统翻译观的反拨，传统翻译观中信奉一一对应的概念，追求文学、语言学角度等值的可能性，而这种描写性研究则更加关注现象和事物本身。以此更加关注一些目标文本的共有特征，而不仅仅把目标文本当作是按照一定规则和要求所应。

第三阶段，"translationese"的现象不单单被看作是语言现象，而是与宗主国、殖民地、第三世界国家联系起来的，其中不管是从属地位的语言还是霸权地位的语言都有把对方的文学和语言进行自然化处理的现象。"在别种语言大量翻译成英语的时候，民主的理想可能会遭背弃，沦为强权的法则。一个例子就是把第三世界的文学统统译成流行的翻译腔（translationese），以致一个巴勒斯坦妇女的文学，其行文读来的感觉，竟和一个台湾男人的笔调相仿"（Spivac，2001：281）。第三世界文学所采用的翻译腔对本地的文学产生了重大的影响，宗主国给殖民地的文化记忆打上了深深的烙印，殖民历史在被主流话语重新编码、重新翻译的过程中受到了"认知暴力"的挤压。

从三个阶段的发展来看，从对"translationese"这一现象的无法接受，认为其有违翻译标准，到对这一现象的理性审视，而不是理想化地看待，直到最后这一阶段"translationese"的体现与两种语言的不同，已经没有多大的关系。它的出现和产生是殖民化过程中所播撒的权力机制导致的，考虑更多的是外部要素所产生的影响，这一变化也是翻译研究的主要发展趋势。由此，任何一种现象从不同的视角出发都可以得出不同的认识。

6.1.2 对"translationese"的语境化描写

（一）阐释语境

"翻译"的本体论问题是翻译研究中的核心问题，如何看待翻译研究中源语、源作者、源文、译者、译文、译语、读者等各个要素，比如从哪一个路径进入探讨翻译问题，target - oriented、transfer - oriented，还是 source - oriented，这些都是翻译研究中的"本"。在"本"的基础上会生出很多"末"的研究，比如翻译研究的外部研究，包括社会、文化、意识形态等等方面的问题。翻译研究方面的问题总是围绕着这些要素在思考。不同的学者因其出发点不同而形成了不同的观点，当然也和当时所处的历史语境有关。

第一个阶段，术语"翻译体"问题可以溯源追踪为源语与译语之间的差异，翻译体产生的原因是两种语言的差异。这一术语的提出最初是从两种语言之间的比较开始的，两种语言有时差异较大，比如英语和汉语，英语是拼音文字，而汉语是象形文字，这样使得英语和汉语在韵律和句子结构上存在着巨大的差异。这时的翻译研究是与语言学紧紧依靠在一起的。同时，翻译体所反映的是这么一种观念，即"译本的源语言似乎不愿退出，而希望寻求在目标语中的转世"（Tsai，1995：242）。从他们的叙述中，我们看到他们是从源语和目标语的地位和较量入手的，更加强调源语的地位和影响，也就是以源文本为取向的研究范式，在这种研究范式里，源文本是不能改变的，是神圣的，所以目标语都必然要留下它的很多痕迹。

第二个阶段，随着翻译研究中对翻译的认识越来越多元化，源文文本和目标文本之间的关系已经发生了变化，目标文本已经独立出来，虽然它是从原文中衍生出来的，但同时它是一种混合体，已具有了自己独立的身份。对翻译体的认识变化是因为翻译研究视角的转变，在第一阶段，研究还是在语文学阶段，也就是说，多是规定性研究，通过对比两种语言而发现很多现象。随着对翻译的认识发生改变，翻译不再是那个带着手铐跳舞的舞者，越来越凸显出自己的个性，翻译过来的作品成为翻译文学，翻译过来的文字既不属于源语，也不属于译语文字，具有了自己的特点，成了第三语码等等。对"translationese"现象从译文的角度开始研究，"翻译体"的研究在西方也慢慢转向"第三语码"和"翻译普遍特征"的研究。

第三个阶段，翻译体完全在后殖民主义的背景下进行研究，学者不再关注翻译体现象在语言上的差异，而是审视殖民影响所形成的文化、文学、政治及历史方面的内容，这是翻译研究中文化转向后开始研究翻译背后的原因，以及由此相关的操控和改写行为，也就是关注围绕这一现象所发生的一些话语实践，其中翻译体现象也成为翻译在殖民化过程中的一种权力运作，体现着权力与话语之间的不平等关系，成为后殖民翻译研究中的一部分。

（二）比对语境

由于同一现象在不同文化中会产生不同的理解和认识，而中西两种文化在诸多方面存在着不同，比对语境主要是就两种文化背景进行比较，从而发现其中的微妙区别。"translationese"现象在西方的语境下主要是按照上面陈述的三个阶段发展过来的，西方的语言变化与"翻译体"不能产生直接的关系。而在中国语境中，这一现象却与汉语自身的发展有很大关系，汉语在"白话文运动"之前是以古汉语的形式存在的，由于现代化的需要，古汉语完成不了转述与传播西方先进科学技术的使命，所以开展了"白话文"运动，上承旧白话文，吸收民间用语，再经欧化改造，一种新白话文应运而生，并为社会迅速接受。所以就赋予了"翻译体"另外一个使命，那就是"翻译体"可以引入新的用法和句子结构的改变。所以"翻译体"成了时代的需要，而在这个方面很多学者都曾对此十分推崇。朱自清在鲁迅"赞成语言的欧化而反对刘半农先生'归真返璞'的主张。他说欧化文法之侵入中国文法的大原因不是好奇，而是必要。要话说得精密，固有的白话不够用，就只得采取些外国的句法。这些句法比较的难懂，不像茶泡饭似的可以一口吞下去，但补偿这缺点的是精密"（朱自清，1946）。还有的学者有感于文言的弊病，甚而提出了矫枉过正的主张，如傅斯年在《怎样作白话文》一文中曾认为理想的白话文有三个特点：逻辑的白话文、哲学的白话文和美术的白话文，而西洋文都早做到了，所以，理想的白话文，竟可说是——欧化的白话文（转引自余光中，2000：89）。在一段时间内，这种文白交杂、欧化的语言大行其道，但反对声音仍然不绝于耳。自从比较文学兴起后，翻译文学渐渐成为本土文学和外国文学外又一个研究对象，很多学者开始研究外国译作对中国文学的影响，以及翻译文学所具有的特点，谢天振在《译介学》一书中专辟一节论述译作是文学作品的一种形式。著名作家梁晓声说，"所谓翻译文体，当然是指有水平而又严肃认真的翻译家们之精神劳动，乃是一种人类语言之再创造，必自成美学品格。它既有别于原著的母语文字，也不同于译者所运用的客体文字。它必是两者的结合。它在语音的抑扬顿挫、句式的节奏、通篇整体的气韵等等方面，必是十分讲究的。它不至于忽视母语文字风格的优长，也须着意于发挥客体文字表述的特点"（1997：275～276）。这段描述对译作在文体上的特点做了描述，其中在语言方面的特点就是"translationese"所涵盖的内容，随着视角的转换和观念的更新，"翻译文体"的出现使得"translationese"也带上了一定的肯定意味。

但就语言的接受程度来说，在中国语境内，对"翻译体"现象的接受程度存在的多数是批评，这些批评多是从自身语言的纯洁性和接受效果来加以阐述。1959年2月24日，在《人民日报》上有一篇茅盾同志的文章，叫做《漫谈文学的民族形式》，在论及民族语言的时候，中间有这么两句话："例如我们有些作品的文字是所谓翻译体，不是老百姓所喜闻乐见"。吴岩（转引自罗新璋，1984：647）在其《从所谓翻译体说起》里对茅盾同志的这两句话做了阐述，他认为，这句话至少包含两层意思。一是由于翻译作品中语言文字的运用存在着问题，久而久之，就产生了所谓的"翻译体"，这种翻译体却不是老百姓所喜闻乐见的。二是这种"翻译体"已经影响了文学创作的文字，产生了不好的影响。余光中先生（2000：747）说："好的翻译已经不能充分表现原作，坏的翻译在曲解原作之余，往往还会腐蚀本国文学的文体。三流以下的作家，或是初习创作的青年，对那些生硬，拙劣，甚至不通的'翻译体'，往往没有抗拒的能力，濡染既久，自己的'创作'就会向这种翻译体看齐"。其他的学者对此现象也表现出明显的否定态度，其中包括：金圣华（1999）、刘宓庆（1998）、孙致礼（2003）。当然也有学者有不同意见，如吕俊曾以"翻译腔的功与过"为题在其著作中做过论述。

就语体色彩来看，在中国语境下，尽管"translationese"在最初产生的过程中是作为一种产生新的结构和用法的手段，但之后则更加关注译语语言（民族语言）的规范，对其多持不太赞同的态度。其中也观照到翻译政治问题，考虑到译入语国家即中国的文化身份问题，这里已经带有一定的后殖民主义翻译理论的色彩，但并未就此深入。相比之下，在中国语境下，"translationese"的贬义色彩更浓。

在中国语境中，从对"翻译体"的研究可以发现，从最初引入新结构、新的表现方法到慢慢与翻译文体发生联系，当然其中在语言方面的不接受也十分突出，而在西方语境下，则是对这一现象进行描述，查找背后的原因。从两种译学的研究方法和视角来看，中国译学更倾向于站在事物内部，以文化持有者的视角对事物进行评价，而西方译学更倾向于站在事物外部，以局外人的角度进行分析。

6.1.3 对"translationese"的细节化描写

还有很多其他问题是与"translationese"相关的问题，比如翻译体与翻译普遍特征（universals of translation）、洋腔洋调问题（exoticism），以及第三语码（third code）之间的区别是什么？

翻译体是指那些明显依赖源语的语言特色而让人觉得不自然、费解，甚至可笑的目标语用法。这个问题与翻译普遍特征不同，Baker把翻译普遍特征界定为"通常在译本而不在源话语中出现的并非由特定语言系统干扰而造成的那些特征"（1993：243）。翻译普遍特征的主要表现是：简略化、明确化、规范化、整齐化和集中化，其中分析的不是由特定语言系统干扰而造成的特征，而是在语言转换过程中所产生的一些共同现象，但翻译体则是由特定语言系统干扰而产生的那些特征。不同语言之间的转换所出现的"translationese"现象是不同的，正是这些不同的特征才会产生相应的翻译理论。

洋腔洋调问题也属于这一范畴，翻译体与洋腔洋调问题有重合的地方，但两者侧重点略有不同。洋腔洋调指的是外国作品的一种味道，这种味道包含的内容有语言方面也有文化方面，或者说是翻译腔加异国情调，而翻译体更加侧重的是语言方面，国外学者也有个类似术语为异国情调（exoticism），指的是源文本的语言和文化特征只作了很少改动或未经改动就转移到目标文本中，结果目标文本看起来就有一种明显的"外国"味。这可能是为了使目标文本对目标语读者更有吸引力，但这种做法对目标语读者产生了一种源语文本对源语读者所未有的影响，因为对源语读者来说，源文本绝无外国情调（Hervey & Higgins，1992：30）。对这一问题有几种截然不同的看法，一种认为这种味道不能完全抹掉，甚至是抹不掉的，所以译作不应该和用母语写出来的文章一样，比如有学者认为翻译出来的文章总是应带有一些异域的味道，"翻译作品读起来必须像翻译作品"（王育伦，1984：935）。而另一种观点认为洋腔洋调带有一种翻译腔，不应该保留下来。比如，在1920年代"vitamin"译为"维他命"，1950年代在大陆改成"维生素"，现在又常见"维他命"的药名和广告。这是因为大陆比较倾向于意译，以避免"洋腔洋调"，而把外来语当成俘虏加以改造；港澳则倾向于音译，是在殖民地氛围里逼出来的"洋泾浜"（郑述普，2004）。

在西方翻译研究中，对翻译的认识发生视角变换后，从对"translationese"现象的研究开始慢慢关注对第三语码的研究。第三语码的研究是与翻译共性的研究结合在一起的，结合语料库语言学，研究翻译语言所持有的一些在文体、风格、语言上的共同特点。弗劳利（1984：169）认为，目标文本具有他所说的双重血统（即同时受到原文和目标语的影响），"本身作为一种代码出现，有其自身标准、结构预设和蕴含，尽管这些标准、结构预设和蕴含必然源自于（源文本）和（目标语）"。就第三语码来说，第三语码这个术语通常指对目标语语言规范更细微的偏离，并且就作者而言，使用该概念不仅暗示出作者对这种现象没有排斥之意，而且还表明作者相信这类现象本身值得进行系统的调查研究。而翻译体和第三语码之间是有区别的，两者的侧重点有所不同，翻译体是指那些违反了目标语规范，从而让目标语读者很难接受的一些特征。而第三语码的目标语特征包括明示和其他假定的翻译普遍特征，以及目标文本中频繁出现的源文化的独有特征，这些特征虽然都没有实际违反目标语规范，但它们的出现"留下了文化色彩上带有异国情调的朦胧印象"（Shamaa，1978：172）。

与"translationese"相关的有"吸收新表现法"、"洋腔洋调"、"翻译普遍特征"、"第三语码问题"等等，虽然它们并不是和"翻译体"所称谓的概念完全一致，但有重合的地方，从而呈现了对翻译体并不统一的、多样化的认识。其中各个术语所称谓的概念范围也会有所变化，比如所谓的"翻译体"起先包括一些特别的现象，之后，很可能经历某种体制化过程。例如，一群译者可能以同样的方式操作，然后产生相似翻译的替换形式。渐渐地，习惯性的"翻译体"甚至可能获得了某些特别的标记。这些特别的标记有时又慢慢地为读者所接受，对翻译体的接受范围也会慢慢变大，从而转变成第三语码研究的内容，所以说这几个术语具有一定的家族相似性。

6.1.4 "translationese"的翻译策略与方法

"translationese"这一个术语目前有三个译名，翻译体（《翻译研究词典》采用）、翻译腔（《翻译研究词典》和《中国译学大辞典》使用）、翻译症（《译学辞典》），如果我们不加辨别，容易让人混淆。从这三个译名的选择来看，译者对其理解各有侧重；按照词语色彩来排序的话，那就是翻译症、翻译腔、翻译体，贬义最强的是"翻译症"。翻译症正是因为使用的是症，多指一种病症，所以《译学辞典》中指在一定时期内译文中不符合译语规范的语言表达形式，其病因是过分拘泥于原文形式，不懂变通，译文读者勉强也能理解，只是表达得不地道、生硬、别扭，甚至滑稽。"翻译腔"使用的是腔，意味着一种腔调，描述了一种不符合译语表达习惯的翻译现象，有翻译腔的译文并不影响读者的理解，不过带有一定的翻译腔调；而翻译症其影响程度要重得多，此种病症当然需要尽快去除，否则必然对目标语进行大肆侵蚀，从而影响目标语的语言基础。相比较而言，"翻译体"是一个中性的词语，它使得原文中一些新奇的语言表达方式得以保留，这些表达方式反映了异域的思维模式和风土人情，可以丰富本民族的语言。不同的译者选用不同的对等词，也说明了其对这一现象的不同认识，反过来说，也可以说明"translationese"这一术语所涵盖的现象是多层次的，并不具有单一的含义。经过概念的分析和对比，杨普习（2009）认为"translationese"译为翻译腔更为合适，但笔者认为"translationese"是一个多层次的复合概念，在不同语境中的意思也多有所不同，选定任何一个译名都有偏颇之意。如果说需要一个词来对译的话，翻译体这个上义词更加合适。

对术语的翻译，尤其是学术术语的翻译，"历来都有人主张不要翻译，我们能读原文就读原文。但不管翻译得是否够准确，或是不是可以充分翻译，它最终是要使我们可以直接用中文来思考那些问题"（陈嘉映，2002）。所以，术语的翻译就是一种不得不为的选择。在这种情况下，采用何种翻译方法，不管是意译法还是音译法，选用哪个译名都可能对术语所称谓的概念加以修改和变更。这种情况下深度翻译的方法可以作为一个可供选择的选项，让术语呈现更加详实的面貌，更好地相互理解。也就是说你在使用这个术语的时候，可以在深入描写、比对语境的基础上给出对应语，但要添加注释来对其意义加以解释、说明。这样，可以呈现一个更加广阔的视野，借以厘清相关概念，找出问题。

6.1.5 "translationese" 后面的问题和现象

"translationese" 现象包含了翻译研究中源文、译文、可译性等等要素，那么 "translationese" 现象在特定的语言对中，特别是英汉两种语言中，在语言、文体和风格方面的具体特点是什么呢？虽然有的学者进行过描述，比如余光中（2000：133～142）称，翻译体从早期的青涩到如今的繁琐，目前的现象是：句长语繁，文法几已全盘西化，文气笔势，扣得刻刻板板，绷得紧紧张张，几乎不留一点余地给弹性，但还未有作出详细而系统的论述，并由此形成一定的理论。"translationese" 出现以后对译入语民族语言发生了很大的影响，这一问题不仅与语言的规范和发展走向有密切关系，还与文学和文化息息相关。这种语言和文体对译入语国家产生的显性和隐性的影响是什么？

"翻译体"的现象目前还困扰着很多翻译研究人员，因为"翻译体"现象中还存在很多我们至今并未研究清楚的问题，比如如何区分无法摆脱源语束缚而出现的不规范用法，以及由于译者的个人写作水平而产生的不自然表达方法；如何在不损伤源文内容的基础上保留一定的异国情调，洋腔洋调又是如何体现的；在中国语境下，西化的语言以及西化的学术论著在今天看来确实有泛滥之势，那么何以分清西而不化和西而化之的句子？何以避免那些生硬的术语？

6.2 对"雅"的深度描写

"雅"是典型的中国传统译学术语，对雅的分析可以一见中国传统译学术语的历史和现实。目前，对"雅"这一术语的理解仍然存在各抒己见的情况，那么何以出现这样的情况，对其认识和理解又达成了什么样的共识，以后的研究和发展方向又是如何。

下面按照前文所提供的术语理解方法，从语词、定义和概念三个方面对"雅"这一术语进行理解。首先从语词上来说，"雅"是中国传统文论中的术语。《辞源》（1988：1797）对雅的解释为："正确，规范。《荀子·王制》：'使亦俗邪音不敢乱雅'"；《古代汉语大辞典》（2007：1667）对雅的解释为："①通'夏'，指中原地区华夏族的语言。《荀子·荣辱》：'越人安越，楚人安楚，君子安雅'。②正的，合乎规范的。《荀子·王制》：'使亦俗邪音不敢乱雅'"；而其他古籍中也有相关论述，"《史记·三王世家》：'称引古今通义，国家大礼，文章尔雅。'司马贞在《史记索隐》中加注为：'尔，近也。雅，正也'。《史记·儒林列传》中有云：'文章尔雅，训辞深厚'"（韩陈其，2008：112~113）。

又据马祖毅（1998：103~104）考证："雅，是本于《论语·述而》里的'子所雅言《诗》《书》执礼，皆雅言也。'所谓'雅言'，就是诸夏的话。孔子教学生都用诸夏的话，别于各地方言。'求其尔雅'中的'尔雅'是近正，正即指雅言。'雅'若就本义来说，就是用全国通行的规范化的语言进行翻译"。而后从我国古籍中对"尔雅"的论述可见"雅"为"正"的意思。

从定义上看，各个字典也并未给出明确的定义，只是把各种与之相关的观点提出来。

在《译学辞典》和《中国译学大辞典》中，对"雅"的解释是放在"信达雅"之下的，并指出，唯有"雅"字，分歧较大。有的主张取消"雅"，把通常为"雅"所包含的译文风格和语言形式上的要求统统列入"信"之中，只提两条。严复的"求其尔雅"要"用汉以前的字法句法"显然不能为后人所接受。但有人从"修辞立其诚"、"言以文远"、"情欲信而辞欲巧"（内容要真实，文辞要美化）等观点出发，不断对"雅"作这样或那样的解释，提出这种或那种论证，以体现翻译标准的完整性。

在《中国翻译词典》中，把"雅"与"俗"放在一起，"雅"是指译文所使用的文字要得体，合乎规范化原则，既是标准的、优美的、又能为大众所接受；不是"典雅"、"深奥"，更不是"八股"。当作家刻画各种人物时，必然既有上层的也有底层的，有知识名流，也有文盲村夫。这时作品的文字就会因人而异，因人制宜，该说粗野下流话的，自然少不了就会来上几句，方显得是那一类人物。译者译不同人物的语言，自然就得顺其自然，还粗俗以粗俗。俗如其人即雅。这时译人之一味。所以一个用笔自如的译者总是当雅则雅，当俗则俗，是为雅。

再次从概念上来说，"雅"所称谓的概念比较复杂，上述两部辞典所给的定义未能呈现对"雅"的各种认识和解释。此外，在中西两种语境下所称谓的概念（有时）也有所不同。下面通过对这一术语历史化、语境化和细节化的描写，从而获得对这一概念的深入了解，继而探讨与这一术语相关的翻译问题，同时也为这一概念找出新的研究方法和关注点。

6.2.1 对"雅"的历史化描写

"雅"的提法古已有之，但在严复提出"信达雅"三个字之后，"雅"的内涵得到各种各样的阐释。严复在《天演论·译例言》中是这样提及"雅"的：

> 《易》曰："修辞立诚"。子曰："言之无文，行之不远"。三者乃文章正规，亦即为译事楷模。故信达之外，求其尔雅。此不仅期以行远已耳，实则精理微言，用汉以前字法句法，则为达易；用近世利俗文字，则求达难。

从严复提出"信达雅"之后，译界学者采取各自的方式对其进行解释和批评，主要在"雅"字的确切内涵、"信达雅"三者之间的种属关系上面探讨，同时存在着一定的价值判断和取舍问题。从各种观点来看，对"雅"的理解存在着几个发展阶段，大致经历了这样一个过程：从对其本意的理解或者误解，到引申和现代转换以及对雅的重新解释。这就是一个不断阐释、不断出现新义的过程。

第一个阶段，具体阐发"雅"的含义，这时对"雅"的认识并不完全从相同视角出发。对"雅"的理解和解释，有些学者结合严复的翻译主张和翻译实践，探讨严复的本意，有的则是对其进一步引申及所进行的现代转换。

如李培恩（1935：281）解释说："'雅'则须文字雅训，富有美感，不独译原文之意，且兼原文之美，有时其文字之美或且超过原文者也"。范存忠（1978：778~779）则说，"所谓'雅'，也就是马氏所谓'雅驯'、所谓'不决于今而有征于古'"。茅盾（1980：518~521）认为，清朝末年，严复翻译哲学、社会科学方面的著作，提出信、达、雅三个要求。信即忠于原文；达即译文能使别人看懂；雅即译文要有文采……。

其中有些学者之所以提出新的理解，是因为他们认为严复所提出的信达雅已不符合时代的需要，从而站在自己所处时代的角度，试图对"雅"进行新的认识和理解。从对严复的理解来看，有的学者是因为受限于严复所提出的用汉以前的字法句法，所以对"雅"的理解多为"雅驯"、"古雅"等。也正因为此，衍生出很多新的认识和看法，比如吴献书（1949：5~6）说，实则现在我们意中的"信、达、雅"与严氏的"信、达、雅"几已完全不同了……我们现在对这三字的解释是：……"雅"：译文文字优雅……。

卞之琳、叶水夫、袁可嘉等（1959：654）谈到，用通俗的话来说，"信"是对原著内容忠实，"达"是译文畅达，"雅"是译文优美，这里包含了相当于内容、语言和风格这三个方面。

张培基、李宗杰、喻云根、彭漠禹（1980：4）认为，（严复的信达雅说）在我国影响很大，迄今为许多翻译工作者所接受和遵循。但严复对"信、达、雅"的解释具有一定的时代局限性，例如他所谓的"雅"就是指脱离原作风格而片面追求译文本身的古雅（从积极的一面来看，严复重视译文文字润饰这一点是值得我们注意的），现在许多人虽仍沿用这三个字作为翻译准则，但已赋予新的内容和要求，如"雅"指保存原作的风格。

许渊冲（1981：9~14）认为，严复生活在使用文言文的时代，所以提出文要古雅；到了使用白话文的今天，"雅"字就不能再局限于古雅的原义，而应该是指注重修辞的意思了……。

在这个过程中，"雅"的含义得到引申和扩展，如何匡（1955：616）在《论翻译标准》一文中，把原作分为三个不同的要素：思想、语言、风格。就风格来说，标准应该是保持原作风格，不容许有冲淡、削弱、歪曲和破坏原作风格的现象，用一个词来表示，就是"雅"。

郭沫若（1955：500）曾说，"三条件不仅缺一不可，而且是在信达之外，愈雅愈好。所谓'雅'，不是高深或讲修辞，而是文学价值或艺术价值比较高。"

周煦良（1982：972～974）对"信达雅"中的"雅"作了探讨，认为"雅"应当作为"得体"来理解。"得体"不仅仅是指文笔，而是指文笔必须根据内容来定，文笔必须具有与其内容相适应的风格。

劳陇（1983）在《"雅"义新释》一文中指出，如果"信，达而不雅"，则读者难于接收，"行之不远"，就不能发挥翻译的功能了。提出，"雅"的含义是"运用读者所最乐于接收的文体，使译文得以广泛流传，扩大影响"。但是，对于"雅"的功能，则相对来说持相同的观点：修辞。

王佐良（1981：482～484）说，"雅"是指通过艺术地再现和加强原作的风格特色来吸引他们。吸引心目中预定的读者——这是任何译者不能忽视的大事。

金隄（1998：162）主张把"雅"理解为"神韵"，即文字上各种各样的风格。

王东风（1996）把"雅"理解为"言语美"，认为"雅"要求在不同的语体中要有不同的美学形态，"日常的口语交际注重言语的伦理美，公文、科技和政论语体讲求言语的规范美，文艺语体则追求言语的艺术美。"

经过这样解释，这已不完全是严复的原意，而是取了其变义。事实上，后来一般说信达雅，已很少拘守严复的原意，尤其对"雅"字，似乎人人能解，但是解各不同，如释为雅驯、典雅、文雅、优雅、优美、文采、风格、讲究文笔、注重修辞、强调文学价值和艺术价值（罗新璋，1984：9）。对雅的新理解和认识尽管层出不穷，但本研究认为可以分为三类，一类指的是"汉以前的字法句法"，即雅驯、古雅；一类是译文的文雅、优雅和文采；一类是引申得更加深入，即译文的风格、修辞、美学价值、艺术价值。

当然在各自的理解之上也有学者对其修改、加以更新，或者完全取代，比如陈允福（1955：622～623）则用"忠实"和"通顺"来取代"信达雅"，他认为"信"、"达"、"雅"和"忠实"及"通顺"彼此只是文言词和白话词的分别。黄药眠（1983）也提出用另外三个字取代，如用"风"来代替"雅"，即要译出原作者作品的风格。刘重德（1994：10）先生提出"信"、"达"、"切"三个字，认为"雅"即所谓"尔雅"或"文雅"，而"雅"实际上只不过是风格中的一种。因此，翻译起来，不能一律要"雅"，应该实事求是，酌情处理，恰如其分，切合原文风格。

第二阶段，随着新角度和新史料的挖掘，严复所谈之"雅"又重新得到解释。有的学者从三者之间的辩证关系角度，对"雅"的功能有了新的认识，有的学者重新审视前人的理解，并加以纠正。在这些解释中，更加确定把"雅"理解为"古雅"和"文雅"是有些误解；"信达雅"三者之间是一个整体，不可以把其中一个孤立来看；同时把"雅"用"汉以前的字法、句法"来解释，则有些偏颇。但对"雅"的认识并未这样逐渐成为定见，而是仍然处于争论之中。

徐守平和徐守勤（1994）认为，"言之无文，行之不远"……以此作为译事楷模，则要求译者修饰文辞，否则译作便流传不远……这种修饰……，…必须服从原文的真实……此即严复所谓"雅"的本义，……他使用汉以前字法、句法进行译述，完全是顺应时势的做法，也说明了他深谙接受美学。后世据此便将"尔雅"解释为"古雅"、"文雅"，并进而否定严复作为翻译理论提出的"雅"，实在是断章取义，是以其译述方法的不同来否定其理论的正确性……今人研究严复的翻译理论和译作。首先应考虑其所处时代及当时的语言习惯，方能正确理解其观点和方法，以为今日翻译实践的指导和借鉴……严氏所主张的"雅"更是对泰特勒三原则的发展……无论如何变化。任何译者都必须通过对译文文辞的修饰，一方面再现原作的艺术风格，另一方面顺应其所处时代的语言习惯……所谓"雅"的涵义在今日应是通过修饰译文文辞，以再现原作的语言风格。它不仅可作为衡量译作优劣的一种标准，也是我们从事翻译时不可忽视的重要因素。

沈苏儒（1998：49~50）认为严复这个"雅"是为"达"服务的，也是为"信"服务的，如果把"雅"和"信、达"分割开来而只理解为或解释为单纯追求译文文字优美、优雅、典雅、古雅等等，那是一种片面性；说严复是把"雅"置于"信达"之上，在上述引文中，我们也找不到任何根据。至于说"在翻译标准里面，根本没有'雅'字容身之处，'雅'字完全是人为的、多余的，同时也是不科学的、有害的"，那就近乎武断了。严复的"雅"泛指译文的文字水平，并非专指译文的文学艺术价值。

王宏印（2003：101）认为"雅"的词源学解释作为本原意义和第一层面是"雅正"，即纯正而标准的汉语，或曰纯正之音，但在写作中，这一语言手段或可获得，而在翻译时却不可如此方便而理想，故而不得不下降至"近世世俗文字"，即第二层面。这里的下降是双重的。其一是理论上的退而求其次；其二是实践上的被读者和后世研究者误解，故而雅正一变而为古雅或俗雅。第三层面，作为翻译的交流和流传层面，雅在功能上和主观愿望上是"期以行远"的。

罗选民、李学宁（1998）在《"雅"之争·"雅"与"信"·"雅"的功能》一文中指出，严复对译文语言的修辞并非只是用所谓"汉以前的字法句法"，并非局限于词句层的修饰润色，而是一种全方位的话语层修辞。他既有"一名之立，旬月踟蹰"译名造字艰辛的感叹，也有"化整为零，短句铺排"遣句的经验，更有"调整原文结构，重新谋篇布局"的创见。

周领顺（2006）通过对史料的比较，证明"信、达、雅"的意义与传统上的理解稍有出入，严复的本意应该加以澄清。研究发现，"信"="诚"（作者对读者）="质"（内容）="情信"="真"（译者主要对作者），"达"="通达"（意义。主要指译者所具有的能将作者意图传递给读者的能力）=翻译的低标准，"雅"="辞巧"="文"（形式）=修饰（包括"文"在内，以"行远"）=翻译的高标准。而且，三字标准也不应该作为纯粹的文学翻译标准来看待。

王宏志（2007：84）说，我们便可以推翻一些人对"雅"的观念所下的片面解释。"雅"不仅是文字古雅，如果我们这样去理解"雅"，便会把重点放在文词上面，跟文章的内容扯不上关系。但严复的意思并不是这样，他从没有说过用"雅"——也就是"用汉以前字法、句法"——就能令译文辞藻华美古雅，他根本不关心这一点。相反，他觉得自己"刻意求显"，结果带来了"艰深文陋"之讥。其实，自始至终——由"信"开始，至"达"，至"雅"，严复都是把重点放在"意义"上面的。上文所过，"信"跟"意义"的关系是毋庸置疑的，而"达"也是坚持要"意义则不倍本文"以及"显其意"；其实，"雅"也是朝着相同的目标，"用汉以前字法、句法"以及抑词就义等做法，全都是为了"达易"、"求显"。换言之，就正如严复自己所说"为达，即所以为信也"一样，为雅也是即所以为达，假如我们再推一步，既然为雅即所以为达，而为达又是即所以为信，那么为雅也就是即所以为信了。

6.2.2 对"雅"的语境化描写

（一）阐释语境

通过对"雅"的历史化描写可以看出，围绕着"雅"的论争一直持续到现在，这样那样的理解和解释不断出现，对"雅"的认识也是一直处于发展变化之中。

严复运用"汉以前字法句法"是基于当时的历史背景，采用当时为士大夫所能接受的桐城派先秦笔韵是有其自己的动机和目的的，其目的是把西方的社会科学著作介绍给中国的士大夫阶层，通过他们推行改革以救国。而对传统士大夫阶层而言，这样的文字才能够为他们所接受，并广为流传。正如，茅盾在《严复的用心》（1981：482～484）一文中曾指出，严复为这样的读者（按：指当时对西洋文化无兴趣、甚至有反感的中国知识分子）准确传达原作的内容。沈苏儒（1988：54～57）也对此做了总结：（一）严复声称西学中原理同中国古人所言之理皆合。所以"用汉以前字法句法则为达易"；（二）严复"用汉以前字法句法"以提高所译西学论著的文化学术品位，从而提高"西学"的地位，使之为当时中国高级知识阶层（按照"学而优则仕"的传统，他们中很多人是有政治影响的官僚或有社会影响的名流）所重视和接受，以遂其文化救国之志；（三）在严复所处的时代，在介绍、引进外国新学术、新思想时，确实面临着文字工具上的巨大困难，"用汉以前字法句法"是严复为解决这一困难所作的选择。

在之后的理解中，第一阶段的理解方法可以分为两种，一种是追求本原的做法，也就是说，研究的重点是探究严复的本意。对其本意的理解和把握往往受限于阐释者本身的视野，其中有的理解拘泥于"汉以前字法句法"，有些理解望文生义，所以把"雅"理解为"古雅，文雅"，这样的理解无疑成为后来发展和争论的又一问题所在。另一种做法正是中国传统文论和中国传统翻译理论所面临的困境，即如何进行现代转换的问题。其中包含了对理论本身进行的价值判断，也就是在有用无用、用途如何等方面进行估计和判断。这些问题都反映出中国传统译学术语的特点，内涵不确定，过于游移，从而使得理解更加多样化。此外，由于中国学者把"信达雅"奉为经典，而对经典的阐释方式又往往是在其原有的概念里加入自己的理解，在这个过程中发展自己的理论，从而实现传统术语的现代转化，所以对"雅"的认识和理解形成一种循环的讨论。

在这个阶段，我们也可以从中理出一条线索，也就是"雅"的含义越来越宽泛的过程，从语言、文字到修辞、风格和艺术价值。但这样的转换更多是一种理论内涵的转换，而不是形态的直接转换，所以也造成了现在一字多义的现状。而有的形态转换则并未完全取代"信达雅"这一学说，反而自成一家，所以存在着多家之说共存的局面。不可否认的是，进行现代转换时，对雅的理解从对译文的文字要求，转化到对译文风格、修辞方面的探讨，译文的艺术价值、美学价值等等，从而拓宽了"雅"的研究内容和范围。

第二阶段是重新阐释。这一阶段的理解具有的明显特点是对前人的理解已有批判的意识。在这个阶段，学者重新反思，通过新语料的挖掘，新视角的使用对严复的"信达雅"学说重新进行阐释，从而对"雅"从多个层次、多个角度进行论述，呈现了"雅"的丰富内涵。在这个阶段，学者基本达成这样的共识，那就是把"雅"当成"古雅"和"文雅"是有失偏颇的，同时把"雅"从修辞角度进行阐释的学者占了大多数，但各自的理解也略有不同。当然在这个阶段，研究方法更加多样，比如用阐释学、功能主义翻译理论来重新探讨严复所提"雅"的原因等等。

（二）比对语境

首先，西方对"雅"这个概念并未产生如此多的争论，或者说，这并未成为他们的研究主线，他们的讨论"自西塞罗以来，便围绕着直译与意译，逐词译与自由译，忠实与不忠实，准确与不准确的问题"（谭载喜，2004：5）。换句话说，类似于"雅"这样的概念在西方就如"忠实"的概念一样，部分因为该术语内在的模糊性，部分是因为该术语涉及感知上的主观情绪，所以后面这些概念在很多方面也正依次让位给那些不太依赖此类概念的方法论。而中国传统译论多是建立在中国古典文论基础上，尤其是严复提出的"信达雅"三字，成为中国翻译理论的基石，并成为后来学者一脉相承的线索。

其次，尽管西方对"雅"的这个概念也早已有之，但对其理解往往是与字面意义比较接近的，比如文雅、典雅，也就是通常说的文字优美、有文采。如 1559 年，Lawrence Humphrey 就曾在一部长达 600 页的翻译论著《Interpretatio》中提及 elegantiae sed fidelis 即"雅"与"信"（斯坦纳，2001：277），1656 年，Cowledy 也提到希腊和英语之间的巨大距离会使得任何忠实但不文雅的译文无法立足（斯坦纳，2001：268）。德莱顿也提出 faithfulness、perspicuity 或者 gracefulness 这样的概念，但其并未把其作为一个系统进行阐述，而多是对具体译文中出现非此即彼的问题进行指出，德莱顿反对字对字的直译，主张要用自己的语言保留住原文的雅（Schulte& Biguenet，1992：18～19）。Juan Luis Vives 在 1531 年《翻译的译文》中谈到为什么译者用低俗、复杂和模糊的词语和修辞格来降低原文的文雅和华丽（Lefevere，2004：52）。Mickle 反对那种对诗歌进行直译，直译的译文会使得原来诗歌的表达、活力、文雅（elegance）和热情无法得到得体传达（Amos，1973：129）。

而最容易与"雅"相提并论的是泰特勒的三原则之二——译文的风格和笔调应与原作具有相同的特性。有人把这一原则比作严复的"雅"，甚至认为严复的三字诀取自泰特勒的三原则，但泰特勒的这一原则有非常清晰的内涵，即指风格和笔调，所以二者是否相当仍值得商榷。就如王宏印（2001：103）指出，"丝毫看不出泰特勒关于翻译的概念与严复的翻译方法有什么共同点。泰特勒似乎偏重于原作的长处的保持，和译作的感受应不亚于原作的效果。而严复的翻译却是调动各种手段尽可能多地传达原作思想的基本精神，为了'阐新旧之学'，他甚至不惜用换例方法即改变原作内容的方法以求达旨。"

所以，"雅"的概念在西方翻译理论中确实存在，但是这些概念并未成为翻译研究的主线，成为单独研究的范畴，而是被细化或转化成更加具体的概念，而就中西的研究方法和模式来说不尽相同，两者有共通之处，但仍有较大差异。

6.2.3　对"雅"的细节化描写

对"雅"的理解不能脱离"信、达、雅"三者之间的关系，也就是如钱钟书所言：

> 严复译《天演论》卷例所标："译事三难：信、达、雅"。三字皆已见此。译事之信，当包达、雅；达正以尽信，而雅非为饰达。依义旨以传，而能如风格以出，斯之谓信；支、严于此，尚未推究。雅之非润色加藻，识者犹多；信之必得意忘言，刚解人难索。译文达而不信者有之矣，未有不达而能信者也。

若剥离其语境而进行单独解释，则只能是对其的个人理解。从雅驯、典雅、文雅、优雅、优美、文采、风格、讲究文笔、注重修辞、强调文学价值和艺术价值，这些方面涵盖多个层次的内容，范围也越来越宽泛。至于"雅"与修辞、风格以及美学价值产生联系，往往更加涉及到美学、修辞学、文体学的相关概念，这些也使得"雅"焕发出更强的生命力。正是因为"雅"的内涵得到不断丰富，也渐渐衍生出对译作在修辞、风格和神韵上的研究，也由此吸引了很多学者在这些方面形成了自成一体的翻译理论。比如黄龙先生提出翻译的神韵观，刘宓庆先生提出翻译的美学以及风格论等等。

雅之所以与文采、风格、神韵产生联系，这与当时主要着眼于文学翻译有关，而文学翻译又与中国传统文论的一些范畴分不开。下面探讨一下"风格"与"修辞"这两个术语与"雅"之间的关联。

《中国译学大辞典》中，风格指作家、艺术家在创作中所表现出来的艺术特色和创作个性，体现在文艺作品内容和形式的各个要素中。汉语的"风格"包括题材的选择、主题的提炼、人物的塑造、情节与结构的安排，以及体裁、语言、艺术手法等综合因素。一般的风格论在文艺学、文体学中都有探讨，在翻译中风格的探讨也有很多，比如张中楹（转引自罗新璋，1984：668）讲到翻译中风格问题的时候，把风格的具体内容分为题材、用字、表达和色彩四个方面。刘宓庆（转引自杨自俭、刘学云，1996：584）认为翻译风格论关注的中心是源语风格意义的所在，以及在对源语风格意义进行分析的基础上获得译文风格对原文风格的"适应性"，也可以说它研究的不仅是源语的风格表现手段，还包括如何使译文在与源语的对应中力求在风格表现上做到"恰如其分"。这样的理解就会与"得体"——文笔基本上必须根据内容来定，文笔必须具有与内容相适应的风格——基本一致。这也与"切"字相合，即恰如其分，切合原文风格。

根据《中国译学大辞典》，修辞指根据题旨情境，运用各种语文材料和表现方法，来恰当地表现写、说者所要表达的情意内容的一种活动，跟人们的思想修养、语文修养有密切关系。也可指人们据以进行修辞活动的客观规律、原则系统本身。语言的使用领域和交际目的的不同，会形成不同的修辞境界。所以，把"雅"与文笔、文采、文字水平等等联系起来都是注重译文的修辞，中国先秦的诸子们从不同的角度对修辞特征作出规定。无论是"修辞立其诚"的伦理观、"辞达而已"的通畅观，还是"言之无文，行而不远"的美辞观，都从一个侧面说明了先秦哲人对言语表达的重视。这也如严复在《天演论·译例言》中所提到的那样，修辞作为话语雕饰技巧始终是文学不变的追求。正因为修辞与文学难以割舍，而文学又是语言的艺术，所以，修辞研究始终在文学——语言学所框定的圈子里打转。修辞学家们从表达的立场出发，在辞格、句式、篇章、语体、风格等方面探讨。

如果把"雅"与风格联系在一起，则是从原作的角度出发对译作提出的要求，以原作为中心，考察原作的各个要素是否得以保留；而若是"雅"与修辞联系在一起，则是从译作出发，考察写作或者是表达方面提出的要求，就如王宏印（2001：111）所说，"雅"在严复译作的体现，究其最终原因，除了力求让中国读者能懂西学精髓之外，就是他把翻译当作写作的任务来完成，淡化了翻译与写作之间的界限，使其译著带上了著作的文体特征。本研究认为，"雅"与风格和修辞的各要素确实有千丝万缕的联系，但对严复文中"雅"的理解还必须视"信达雅"为一个整体。而对"雅"之后产生的各种理解和认识都不免带有阐释者的印记，以及所持有的不同视角。

6.2.4 "雅"的翻译策略与问题

"雅"的英文翻译并未出现太多的争议，因为这样一个带有中国传统文论特色的术语英译时是以基本统一的译名"elegance"出现的。虽然 elegant 的英文释义为"tasteful and stylish in appearance or manner"，以及"of a high grade or quality"，从这两个释义来看，显然"elegance"未能完全涵盖"雅"的全部意思，尤其是其所具有的历史内涵，在古代"雅"的含义就是 proper or the standard。而在《中国翻译话语英译选集》中，"雅"的翻译则根据语境的不同而有所不同，"雅"这个字包含其他含义，比如"proper, standard，所以有时翻译为 proper and correct"（Martha，2006：5）。对"雅"字的翻译，如果采用简单对译的方式，恐怕会使其历史和文化渊源消失，从而只留下表面的意义。

6.2.5 "雅"后面的问题和现象

"雅"字所引起的争论让我们思考这样的相似问题，这里面存在几个方面的理解和解释问题。首先，古文今释方面还需要一定的理解和解释方法，中国古汉语所表达的含义往往是多层次的，并非只是一个层次，所以对术语的理解更加不能望文生义，把"雅"简单认为"文雅"、"优雅"，因为这样的一个字有其内在的历史和文化渊源。"信、达、雅"单从概念上讲是比较抽象的，是和具体的历史内容联系起来的，而我们今天说的"信、达、雅"和严复当年说的"信、达、雅",其具体的内容可能有所不同,所以要区别作者原意和引申的意义。其次,原文作者与读者之间的视域能否融合,达成相互理解。对严复在《天演论·译例言》中"雅"的阐释生发出各种版本的理解,对原作者本意的探究至今仍然成为学者研究的内容。第三,对"雅"的持久关注所引起的争论,让我们仍然需要思考如何可以避免循环式的争论,而可以在前人研究的基础上进一步发展。

6.3 小结

通过对"translationese"和"雅"这两个术语的描写和翻译,我们可以发现这两个术语的起源、发展和变化以及在中西语境下的不同使用;通过对这两个术语的深描,我们还发现很多已有的观点需要加以纠正,比如"翻译症"、"翻译腔"和"翻译体"之间的区别。同时也有很多新的发现,比如"雅"的内涵与修辞之间的紧密关系。通过对这两个术语的深描,我们还发现它们称谓的概念在不断的变化和发展着。

结　语

　　术语问题是译学学科建设中不可忽视的基石部分，术语的产生、翻译和使用直接影响着学科的建设和发展，中国当代译学术语的组成之复杂多样和形成之动态变化都值得学界给予足够的关注。本研究以中国当代译学术语为研究对象，探讨中国当代译学术语形成的动态过程，这一研究是目前中国译学在发展过程中概念需要厘清、梳理的重要一环。只有经过了这一个阶段，才能对译学术语的理解、翻译和新创形成比较系统的认识，术语系统才能科学地建立。在本研究中，一方面对中国当代译学术语的构成、特点做了细致的分析和论证，为中国译学学术话语的构建提供理论指导；另一方面探讨了译学术语所蕴含的种种复杂的现象：语词与概念之间的关系，概念在不同语言中的对应情况，概念在跨时空旅行时所遭遇的种种状况，概念转换方法等等。

　　本研究重新梳理中国当代译学术语研究现状，将中国当代译学术语分为中国传统译学术语、西方译学术语以及新创术语三部分，并一一进行阐述、分析和评述。揭示中国当代译学术语的动态形成过程，其中以哲学阐释学的理论框架为依托，表明西方译学术语在概念旅行过程中必然经历一系列延异，以及历时会发生变化；中国传统译学术语在面对着西方译学的碰撞和现代科学的冲击下走向现代阐释和现代转化；新的译学理论和术语在中西译学的交融和互动中不断产生。

　　本研究结合术语学的理论，注重术语的描写方法（采用阐释人类学的深描方法）、历时研究和文化研究，突破以往对术语的规范和标准化的研究范围，从而为译学术语研究提供新的思路、新的研究方法。此外，本研究通过对术语的研究，提出构建学术文化整体观，为术语的理解、诠释和翻译提供参照，以及为辞典编撰提供一定的借鉴方法。以下为本研究中其他几点具体的研究发现：

1. 术语从其自身来说，需要具备几个特点：准确性、单义性、系统性、语言的正确性、简明性、理据性、稳定性、能产性。其中单义性这个特点是术语学中对术语的要求，也是术语研究者的追求和理想，但译学术语身上具有一个这样与之相矛盾的特点——模糊性，其对术语的理解和使用造成了困难，模糊性的特点体现为下面几点：（1）术语的单义性有时很难适用在译学术语身上，在不同的语境中的确存在着不同的意义；（2）同一术语在同一文化传统的不同历史时期，或者不同的文化传统中，呈现出不同的样貌，呈现出了其并不统一、多样的理解和使用情况；（3）人文社会学科内部术语互相借用，其内在相关性也决定了各学科之间的互通性，它们相互作用、相互影响，比如，文化转向引起了人文学科的巨大改变，语言学领域出现了话语分析、语料库语言学等理论；文学领域出现了性别研究、解构主义、后殖民主义、杂合理论等；翻译领域出现了多元系统理论、目的论和规范理论等。上述所列现象要求我们探索术语背后的学术传统和文化传统，对译学术语的研究更应该从文化传统、学术传统方面进行历时动态的研究，才能为术语找到其应属的概念网络中的位置，对不同语言的概念世界源头应有所了解，方可获得本末之流变。

2. 就中国译学这个学科来讲，其术语系统的形成是一个复杂的互动过程，是古今中外译学学术在交流过程中渐渐形成的。伴随着这门学科的建立，除了对中国本土术语的直接承继之外，大量的外来译学术语被译介引入进来。而且，随着这些术语与中国本土固有术语的不断融合，其中有些术语已深入到中国译学当中，成为了中国译学已有的术语。最为重要的是，在这个过程当中，我们要了解西方译学概念在两种语言中进行转换时发生的跨时空的旅行和翻译延异，在这个旅行的过程中——从出发点到目的地的过程中，概念发生了或多或少的变化，甚至是以新的面目出现。其中多个因素发挥着作用，包括译者、读者的前结构等等，它们深深地影响着对概念的理解，这样的一种理解都是在前有、前见、前结构的制约下进行的，也就是说，是按照自己本土文化视野去理解的。就理解的历史性来说，不仅理解者具有历史性，即译者和读者也很难从历史中跳出来来理解历史或者概念，都是在自己所处的历史观念中来看待历史和概念，而且理解对象也有历史性，即术语所称谓的概念和术语的语词部分也具有历史性。继而目的语的文化图景和政治图景又再一次对概念进行书写，于是概念就有了差异、断裂和抵制的接受情况。当然，理想的情况是译者的视域和文本的视域融合起来，达到一种相互理解，并使得概念焕发出活力和延续生命。

中国译学术语系统中的传统译学术语在古今对话、中西对话的过程中仍然面临着传统的承继、用西方的学术范式和概念模式进行现代阐释和现代转化等等问题；新创译学术语则是在与传统的碰撞、西学的融合这样两个方向找到新的出路和结合点，其所采用的言说方式仍然需要认真探讨。无论是采用传统译学的言说方式，还是采用西方译学的言说方式，都应在概念的界定、借用、术语的系统性和逻辑关系方面，有清晰的认识并进行认真细致的考证，以及进行概念分类和概念适用性的研究等等。

3. 西方译学术语从西方引入到中国后，之所以西方译学术语以新的样貌成为中国译学术语的一部分，是因为概念在进行转换的时候，由于概念在不同语言中的对应情况，采用了格义、引申和造词三种意译的方法，这三种方法分别为概念的比附、意义的引申和新词的创造。从学理上来看，要研究外来的译学，就必须使用它本有的语言和术语系统；要吸收借鉴外来的译学思想，也必须同时译介引入相应的译学术语。采取不同的方法进行转换所带来的影响和作用是不同的。外来译学术语的译介和使用是相当复杂的，远非简单的语词翻译问题，外来术语只有与中国的固有学术实现有机的结合，才能被中国译学所接纳和吸收。

术语翻译不仅仅是一种符号的转换、概念的移植，它承载着更多与语言相连的要素，比如世界观、思维模式和文化语法等等。在进行跨语际转换时不仅要考虑符号能指的对应，更要考虑两种语言世界观在两种范式下概念的碰撞和交融。如果只在符码层面上的替换会带来概念的混乱和分歧，本文提出的深度翻译方法虽然是后殖民主义翻译所运用的一个术语，更多的是为了尊重他者、书写差异，但笔者希望借用这样的方法为术语提供更多的信息而呈现一个系统的、可以发展的概念。目前所采用的一词多名方法也并非不可用，但应在深入理解的基础上对其在不同语境中的语义加以区分，并用括号注明其所使用的术语。而如果强行采用统一的一个译名，则有时会造成文理不通的"翻译体"文章。

4. 本文的"理解"概念来自海德格尔，认为理解不是对某一对象的理解，而应是双方对某物达成一致意见。对术语的理解，不单单是从一个方面进行理解，而应从语词、概念和定义三个方面进行理解，其中理解过程涵盖了这样一个包含阐释学循环的理解三阶段，即理解"概念世界"的源头、对概念进行描写和说明，以及考察语词在不同语言语境下的不同。只有双方达成了一种相互理解，才能避免出现误读（非创造性）与误译现象，进而能够相互借鉴，融合会通。针对形成过程中出现的问题，本研究提出应注重术语理解之前的描写。术语问题与理解问题息息相关，理解的概念本身，理解的方法以及理解的过程都直接决定了术语的使用和发展。本研究在此基础上，提出运用阐释人类学的深描（thick description）理论对术语所表示的概念进行深入、完整和丰富，即语境化、历史化和细节化的描写。这样，一方面让目的语读者有深入的了解，并形成与源语读者基本相同的共识。另一方面可以为学术研究提供更多的原始材料，摆脱很多框框，重回"事物本身"，激发更多的研究空间，并进行创新意义上的对话。再者，译学术语的历时研究，让我们重新思考学术文化传统问题。也就说，从译学术语入手，揭开学术文化的一角，对学术文化传统进行更多的了解，反过来可以更好地理解、诠释和翻译术语。此外，在理论互动的过程中就同一概念达成共识，并得以发现隐藏的各种关系和问题。在了解他者的过程中对自我进行反思、反观自我，构建中国译学话语，形成自己世界性的翻译理论。

6. 译学术语的深描方法。对概念的深描是本文的研究重点，也就是说如何研究术语，如何让术语通过一种细微的、显微镜下的研究呈现对概念的深描，这样的方法可以让读者在文本和社会存在之间的相互作用中阅读文本、理解文本和阐释文本；提供给作者、译者和读者的互动空间，在这个空间里可以达成对概念的相互理解、更新和深化；这样的描写就是想突破对同一概念的模式化、固定化、单一化的理解，从细微处发现问题和现象，从而呈现概念的面目。深描方法主要是对术语所称谓的概念进行语境化、历史化和细节性的描写，这里需要澄清的是这种语境化的描写不是对历史语境的还原，"并不是把历史看作是阐释的稳定基础的逻各斯中心模式，认为历史是由客观规律所控制的过程，文学作品的语境——历史背景——具有文学作品本身无法达到的真实性和具体性"（张京媛，1993：4）。这里的语境化一方面仍然强调语境对于术语的重要性，术语是不能脱离语境而存在的；另一方面，从存在语境、阐释语境和比对语境入手进行更加细致入微、有甄别性的研究，从而让术语在语境的关照下获得更加清晰的概念轮廓。对术语的历史化描写更加是必不可少的，自从索绪尔区分了历时研究和共时研究后，人们更加关注用语境理论等共时性理论来进行研究；而在新历史主义观念观照下的术语历时描写更加能够了解概念的发展和变化，从而可以呈现对人文学科术语的一种动态的描写。细节性的描写主要包括术语与其他相关术语的关系，建立一个与此相关的概念网络，为确定概念的位置找到相应的参照点。

根据现阶段译学术语研究的概况，对术语进行深度描写的思路和方法的出发点主要有：

（1）共时和历时相结合

20世纪初，索绪尔正确区分了共时语言学和历时语言学，而且把共时的研究作为语言研究的核心。共时和历时的性质是不同的，但两者之间的联系不允许对它们进行完全割裂式的研究。对译学术语的深度描写就是一个共时与历时的结合，既给予译学术语"面"上的语境化和细节化的描写，同时它同整个译学的文化传统和学术传统有着千丝万缕的联系，它是史上的一个"点"，我们必须把这个"点"放在其历史传统的长河中去研究，才能及时发现、总结并形成"线"，进而沿着这条线继续发展。

（2）静态和动态相结合

术语静态的研究是必需的，它可以比较清楚地描写出术语的具体使用情况，然而仅仅有这种研究是不够的，因为静态是相对的，动态是绝对的。术语是不断发展变化的，在变化中不仅存在着有些暂时的，也存在着某些将要成为或已成为事实的变化。所以，研究术语还必须对语言进行动态的分析。所以，单单依靠术语辞典是不够的，还需要借助语料库对术语进行动态的更新。

（3）宏观和微观相结合

宏观研究指把术语研究置于学术传统和文化传统中，从总体上探讨不同学术传统和文化传统的类型、特点以及发展规律；微观研究指深入到每个术语内部，对某一具体问题进行微观深入分析。两者结合，以宏观带动微观，以微观充实宏观，使得微观的研究更加可靠扎实，使得宏观的研究更加系统和全面。

（4）描写和解释相结合

在深描的过程中，我们一般先对术语作详实的描写，尽量全面地展现术语的使用情况，而后对描写的现象作出解释。在揭示术语的多层含义的同时着重对其在具体语境中的使用情况作出剖析。这一方法并非与规范方法相对，描写与解释是为了能够为术语的规范使用打下基础，成为规范使用的必要前提。

由于篇幅有限，笔者认为仍然有以下几个方面可以进行进一步研究：

1. 术语的理据性与定名方法

术语的理据性是术语研究中非常重要的研究内容，只有通过对在概念和术语之间找到相应的术语产生和翻译的根据，才能避免出现术语的随意产生。术语的规范是术语使用过程中必须遵守的，译学术语的规范应建立在译学术语的描写基础上，并从术语的构造理据、外来术语的翻译理据以及新术语产生的理据三个方面来探讨术语的规范性。为术语的使用、新词的创造以及术语的翻译等方面提供可参照的标准，同时提供其他相关的术语规范标准，实现术语的统一和规范。

本研究的方法还需与术语学的定名方法相结合，在语际转换的过程中，终究需要用语词来称谓概念，除了我们熟悉的的音译、意译等方法外，如何找到一个可以在名与实的关系上更加相符、更便于读者掌握的译名。"优化术语形式是术语实践工作的重要步骤，也是整理术语、术语标准化过程的重要环节。优化术语形式，就要有意识地改变术语的形式，使术语命名的概念易于理解，创造和整理术语时，应尽可能使其具有理据性和有序性特征"（吴丽坤，2005）。这也就是说译名的定名方法不仅仅是翻译策略问题，还有术语学知识的问题，加强对术语的理据性方面的研究和考证，加强对称名学知识的了解，从而可以为术语找到更加合适的译名。"从认知语言学的角度来讲，理据大多有概念结构的支持和概念图式的映射；我们认识这些术语（包括外来术语的）构造理据，对于学者或科研人员命名新事物、新现象或新概念，构建和记忆新术语具有重要的实践意义"（章宜华，2005）。

2. 译学术语与语料库

术语的发展只依靠术语辞典是远远不够的，还需要借助语料库的建立和应用，通过相关语料库的建立可以获取丰富的资料和进行相应的更新，为术语的理解提供更加详尽的知识储备。同时译学术语语料库的设计如何与翻译学结合起来也是值得探讨的课题，目前术语语料库的建立和应用都处在繁荣发展的趋势，但译学术语语料库还是一个尚待建设的项目，译学术语库的建设还可以按照学科的需要，如如何管理术语、解决翻译实践中的问题，以及面向翻译及辞书编撰的术语知识库，并且动态实时地更新知识库的内容。国内已有学者开始进行面向翻译即辞书编撰的人文社科汉英动态术语知识库的建设，目前此类术语库的建设还处于一种摸索阶段，通过术语库的建立，可以提供更多的语境观照，找到统一可靠的依据，从而避免术语不统一的使用和翻译现象，同时也为术语的研究提供更多的语料。

3. 术语辞典的编撰

目前编撰的术语辞典是屈指可数的，好的辞典编撰理念可以为翻译学提供丰富的研究资料，为学科的发展提供清晰的框架，理清术语使用过程中的混乱。术语辞典有别于百科全书式的主题辞典，比如，Mona Baker 编写的《翻译研究百科全书》，术语辞典重点是对术语所承载的概念和语词加以分析和辨别，而不是对某个主题的梳理和总结。目前需要一部以历时的视角去反映中国译学术语的发展变化，发现译学发展脉络和轮廓的术语辞典。尽管罗新璋把传统译论归结为一个中国独具的理论体系："案本—求信—神似—化境"，但中国译学的独特表达方式仍然有待进一步研究和总结。译学术语的历时研究可以让中国翻译界的学者尽量找到自己学术传统的主线，或者在西方学术传统主线上继续发展，而不是一味地去了解其内涵是什么。历时的研究还可以探索如何能够在前人的基础上继续发展和创造新的术语，而不是围绕着固有的几个术语进行。无论是中体西用，还是西体中用，我们更需要对译学发展做出贡献的理论和术语。

4. 中西两种语境下的术语比较

通过比较同一术语在中西两种语境下的使用，可以更加清楚地了解中西译学内涵的差异、不同语境里的含义变化、中西两种文化传统和学术传统的不同，同时这样的比较还可以避免将术语不加区分地完全等同，混淆使用。比如通过对"translationese"和"雅"的个案分析，本文发现在中西两种语境中对这一术语的理解和使用存在着各自的倾向。只有经过区分和对比，才能把中国译学中自身所具有的特点从中显现出来，而不是附着于西方译学传统的划分和分类。要想达到中西译学的会通，首先要通过对概念的纵向延伸和横向比较，方能获得源泉，比较是会通的基础，是阐发的根据，是译学得以发展的关键。

5. 中国译学话语的建构

中国译学的话语构建问题也是与术语问题息息相关的问题，中国译学话语采用何种形态，并且以何种形态才能形成自己的言说方式，让中国译学声音能够得以听见，在世界占有一席之地，是采用传统译学术语还是采用西方译学术语？这也是值得译界学者思考的问题。在中国译学力图从边缘走向核心的过程中，我们更加需要重视自己文化传统言说的基本范畴和基本法则、自身文化对自身意义的建构方式。

总而言之，通过对中国当代译学术语的形成过程进行的展示，我们可以发现术语所涉及的问题很多，既有哲学层面上的语言与质料、名与实的关系探讨，也有概念理论方面的问题，还有话语权的问题等等，这些问题还将需要给予更多的关注和研究。

参考文献

Amos, Flora Ross. *Early Theories of Translation* [M]. Columbia University Press. New York: Octagon Books, Reprinted in 1973.

Antia, Bassey Edem. *Terminology and Language Planning: An alternative framework of practice and discourse* [M]. Amsterdam/Philadelphia: John Benjamins Publishing Company, 2000.

Appiah, Kwame Anthony. Thick Translation [A], in Venuti, Lawrence. (ed.) *The Translation* Studies Reader [C]. London and New York: Routledge, 1993.

Baker, Mona. *In Other Words: A Coursebook on Translation* [M]. Beijing: Foreign Language Teaching and Research Press, 1992/2000.

Baker, Mona. Corpus Linguistics and Translation Studies: Implications and Applications [A], in Mona Baker, Gill Francis & Elena Tognini – Bonelli. (eds.) *Text and Technology: In Honour of John Sinclair* [C]. Amsterdam & Philadelphia: John Benjamins Publishing Company, 1993.

Barthes, R. From Work to Text [A]. trans. Richard Howrd, *in the Rustle of Language* [M]. Berkeley: University of California Press, 1989.

Bassnet, Susan. *Translation Studies* [M]. London: Routledge, 1980/1991.

Beaugrande, R. de & Dreesler, W. *Introduction to Text Linguistics* [M]. London &New York: Longman, 1981.

Benjamin, Walter. The Task of Translator [A], in Schulte, Rainer& Biguenet, John. (eds.) *Theories of Translation – An Anthology of Essays from Dryden to Derrida* [C]. Chicago and London: The University of Chicago Press, 1992.

Boothman, Derek. Translatability between Paradigms Gramsci's Translation of Crocean Concepts [A], in Hermans, Theo. (ed.) *Crosscultural Transgressions Research Models in Translation Studies II: Historical and Ideological Issue* [C]. Beijing: Foreign Language Teaching And Research Press, 2007: 103 ~ 119.

Catford, J. C. *A Linguistic Theory of Translation* [M]. London: OUP, 1965.

Davidson, Donald. *Inquiries into Truth and Interpretation* [M]. Oxford: University Press, 2001.

Davis, Kathleen. *Deconstruction and Translation* [M]. Shanghai Foreign Language Education Press, 2004.

Derrida, Jacques. This Strange Institution Called Literature: An Interview with Jacques Derrida [A], trans. Geoff Bennington and Rachel Bowlby, in Attridge (ed.) *Acts of Literature* [C]. Routledge, 1992.

Duff, Alan. *The Third Language: Recurrent Problems of Translation into English* [M]. Oxford: Pergamon Press, 1981.

Eagleton, Terry. *Literary Theory: An Introduction* [M]. Beijing: Foreign Language and Research Press, 2007.

Even – Zohar, Itamar. *Polysystem Studies* [*Special Issue* of *Poetics Today* 11: 1], 1990.

——— "The 'Literary System'", in Even – Zohar, 1990.

Frawley, William. Prolegomenon to a Theory of Translation [A], in Venuti, Lawrence. (eds.) *The Translation Studies Reader* [C]. London and New York: Routledge, 1985.

Gadamer, Hans – Georg. *Truth and Method* (*second Revised Edition*) [M]. Trans Weinsheimer, Joel and Marshall, Donald G. The Crossroad Publishing Corporation, 1991.

Geertz, Clifford. *The Interpretaiton of Culture* [M]. New York: Basic Books, 1973.

——— *Local Knowledge* [M]. New York: Basic Books, 1983.

Halliday, M. A. K. *Explorations in the Functions of Language* [M]. London: Edward Adnold, 1973.

Halliday, M. A. K. & Hasan, R. *Cohesion in English* [M]. London & New York: Longman, 1976.

Halliday, M. A. K. *An Introduction to Functional Grammar* (2nd ed.) [M]. London: Arnold / 北京: 外语教学与研究出版社, 1994/2000.

Hermans, Theo. *Norms and the Determination of Translation* [M]. Clevedon: Multilingual Matters Ltd, 1996.

Hermans, Theo. Cross Cultural Translation Studies as Thick Translation [A], *In Bulletin of the School of Oriental and African Studies* [C]. Cambridge: Cambridge University Press, 2003, vol. 66 (3).

Hervey, Sandor & Ian Higgins. *Thinking Translation: A Course in Translation Method: French to English* [M]. London: Routledge, 1992.

Hookway, Christopher. *Quine* [M]. Cambridge: Polity Press, 1988.

ISO 1087 – 1: 2000 Terminology Work – Vocabulary – Part 1 Theory and Application, 2002 年 9 月出版.

Jacquemond, Richard. Translation and Cultural Hegemony: The Case of French – Arabic Translation [A], in Venuti, Lawrence. (eds.) *Rethinking Translation: Discourse, Subjectivity, Ideology* [C]. London and New York: Routledge, 1992.

Jean Delisle, Hannelore Lee – Jahnke & Monique C. Cormier 编、孙艺风，仲伟合译. 翻译研究关键词 [Z]. 北京：外语教学研究出版社，2004.

Kearney, Richard. *Modern Movements in European Philosophy* (*2nd edition*) [M]. Manchester and New York: Manchester University Press, 1994.

Lefevere, Andre. *Translation/History/Culture: A Sourcebook* [M]. Shanghai: Foreign Language Education Press, 2004.

Lefevere, Andre. *Translation, Rewriting, and the Manipulation of Literary Fame* [M]. Shanghai: Shanghai Foreign Language Education Press, 2004.

Legge, James. *The Chinese Classics* (*Vol. 4*): *The She King or Book of Poetry*. Lane Crawford & Company, 1871.

Lewis, Philip E. The Measure of Translation Effects [A], in Venuti, Lawrence (eds.) *The Translation Studies Reader* [C]. London and New York: Routledge, 1985.

Lydia, H. Liu. *Translingual Practice Literature, National Culture, and Translated Modernity-China*, 1900 ~ 1937 [M]. Stanford, California: Stanford University Press, 1995.

Martha, P. Y. Cheung. On Thick Translation as a Mode of Cultural Representation [A], in Kenny, Dorothy. & Ryou, Kyongjoo. (eds.) *Across Boundaries: International Perspectives on Translation Studies* [C]. Cambridge Scholars Publishing, 2007.

Newmark, Peter. *About Translation* [M]. Beijing: Foreign Language Teaching and Research Press, 2000.

Nida, Eugene A. & Charles. R. Taber. *The Theory and Practice of Translation* [M], London: E. J. Brill, 1969/1982.

Odgen, C. K. & Richard, I. A. (eds.). *The Meaning of Meaning* [C]. London: Routledge and Kegan Paul, 1923.

Pike, Kenneth L. *Language in Relation to a Unified Theory of the Structure of Human Behaviour* [M]. The Hague: Mouton, 1967.

Pym, Anthony. *Translation and Text Transfer: An Essay on the Principles of Intercultural Communication* [M], Frankfurt am Mani: Peter Lang, 1992.

Quine, W. V. *Word and Object* [M], Cambridge, Massachusetts: MIT Press, 1960.

Riggs, Freg. Social Science Terminology: Basic Problems and Proposed Solutions [A], in

Sonneveld, Helmi B. and Loaning, Kurt L (eds). *Terminology: Applications in interdisciplinary communication* [C]. Amsterdam/Philadelphia: John Benjamins Publishing Company, 1993.

Robinson, Douglas. *The Translator's Turn* [M]. Baltimore: Johns Hopkins, 1991.

Sager. Juan C. *Language Engineering and Translation: Consequences of Automation* [M]. Amersterdam & Philadelphia: John Benjamins Publishing Company, 1994.

Said, Edward W. *The world, the Text, and the Critic* [M]. Cambridge, MA: Harvard University Press, 1983.

Shamaa, N. *A linguistic Analysis of Some Problems of Arabic to English Translation* [D]. Oxford University, 1978.

Shuttleworth, Mark. & Cowie, Moira. (eds.). *Dictionary of Translation Studies* [Z]. St Jerome Publishing, 1997.

Shuttleworth, Mark. & Cowie, Moira 著、谭载喜译. 翻译研究词典 [Z]. 北京: 外语教学与研究出版社, 2005.

Schulte, Rainer& Biguenet, John. *Theories of Translation – An Anthology of Essays from Dryden to Derrida* [C]. Chicago and London: The University of Chicago Press, 1992.

Snell – Hornby, May. *Translation Studies: An Intergrated Approach* [M]. Amsterdam&Philadelphia: John Benjamins Publishing Company, 1988/1965.

Sonneveld, Helmi B. and Loening, Kurt L. *Terminology: Applications in Interdisciplinary Communication* [C]. Amsterdam/Philadelphia: John Benjamins Publishing Company, 1993.

Steiner, George. *After Babel—Aspects of Language and Translation* [M]. Shanghai: Shanghai Foreign Language Education Press, 2001.

Suonuuti. *Guide to Terminology* [M]. TSK, Nordterm 8, Helsinki, 1997.

Temmerman, Rita. *Towards New Ways of Terminology Description. the Sociocognitive – approach* [M]. Philadelphia, PA, USA: John Benjamins Publishing Company, 2000.

Toury, Gideon. *In search of a Theory of Translation* [M]. Tel Aviv: The Porter Institute for Poetics and Semiotics, 1980.

Toury, Gideon. A Rationale for Descriptive Translation Studies [A], in Hermans, Theo. (ed.) *The Manipulation of Literature: Studies in Literay Translation* [C]. Routledge, 1985.

Toury, Gideon. *Descriptive Translation Studies and Beyond* [M]. Shanghai: Shanghai Foreign Language Education Press, 2001.

Tsai Frederick. "Europeanized Structure in English – Chinese Translation", in Sin – Wai Chan & David E. Pollard (eds.). *An Encyclopaedia of Translation: Chinese – English, English – Chinese* [Z], Hongkong: Chinese University Press, 1995.

Venuti, Lawrence. *The Translator's Invisibility* [M]. London: Routledge, 1995.

Waley, Arthur. *The Book of Songs*. Houghton Mifflin Company, 1937.

Werth, P. Focus. *Coherence and Emphasis* ［M］. London：Croom Helm, 1984.

Wolf, Michaela. Culture as Translation—and Beyond ［A］, in Hermans, Theo. （ed.） *Crosscultural Transgressions Research Models in Translation Studies II*：*Historical and Ideological Issue* ［C］. Beijing：Foreign Language Teaching And Research Press, 2007.

阿尔斯顿著, 牟博、刘洪辉译. 语言哲学 ［M］. 北京：生活·读书·新知 三联书店, 1988.

白欲晓. 格义探微 ［J］. 宗教学研究, 2008 (2).

保罗·利科尔著, 陶远华等译. 解释学与人文科学 ［M］. 石家庄：河北人民出版社, 1927.

本杰明·李·沃尔夫著, 高一虹等译. 论语言、思维和现实：沃尔夫文集 ［M］. 长沙：湖南教育出版社, 2001.

卞之琳、叶水夫、袁可嘉. 艺术性翻译问题和诗歌翻译问题 ［A］, 见罗新璋编. 翻译论集 ［C］. 北京：商务印书馆, 1984.

曹明伦. 谈谈译文的注释 ［J］. 中国翻译, 2005 (1).

曹顺庆、杨一锋. 立足异质融会古今——重建当代中国文论话语综述 ［J］. 社会科学研究, 2009 (3).

陈大亮. 重新认识钱钟书的"化境"理论 ［J］. 上海翻译, 2006 (4).

陈宏薇. 从"奈达现象"看中国翻译研究走向成熟 ［J］. 中国翻译, 2001 (6).

陈嘉映、朱青生. 反思哲学与汉语思维 ［J］. 天涯, 2002 (6).

陈明瑶. 误读误译现象认知探析 ［J］. 上海翻译, 2008 (2).

陈永国. 翻译的不确定性问题 ［J］. 中国翻译, 2003 (4).

陈允福. 我对于翻译标准的看法 ［A］, 见罗新璋编. 翻译论集 ［C］. 北京：商务印书馆, 1984.

程堡青. 文学翻译中译者注之研究 ［D］. 上海外国语大学硕士论文, 2006.

程龚让. 以佛学契接康德：梁启超的康德学格义 ［J］. 哲学研究, 2001 (2).

成中英. 中国哲学范畴集 ［M］. 北京：人民出版社, 1985.

成中英. 论中西哲学精神 ［M］. 上海：东方出版中心, 1991.

辞海编辑委员会. 辞海 ［M］. 上海：上海辞书出版社, 1989.

辞源 ［Z］. 北京：商务印书馆, 1988.

J. 德里达著, 陈永国译. 巴比塔 ［A］, 见郭军、曹雷雨编. 论瓦尔特·本雅明：现代性、寓言和语言的种子 ［C］. 长春：吉林人民出版社, 2003.

邓文初. 学术本土化的意义 ［M］. 北京：博览群书, 2004.

邓小青．文学翻译作品中的注释问题浅析［J］．中国科技信息，2005（23）．

董洪川．接受理论与文学翻译中的"文化误读"研究［J］．山东外语教学，2001（2）．

段峰．深度描写、新历史主义及深度翻译——文化人类学视阈中的翻译研究［J］．西华师范大学学报，2006（2）．

范存忠．漫谈翻译［A］，见罗新璋编．翻译论集［C］．北京：商务印书馆，1984．

范敏．香港中文大学翻译学博导访谈．http：//blog. sina. com. cn/sunlongcarl．

方梦之．术语建设与译学发展［A］，见杨自俭．译学新探［C］．青岛：青岛出版社，2002．

方梦之．译学辞典［Z］．上海教育出版社，2004．

费小平．翻译的政治［M］．北京：中国社会科学出版社，2005．

冯波．中西哲学文化比较研究［M］．北京广播学院出版社，2003．

冯志伟．现代术语学引论［M］．北京：语文出版社，1997．

弗雷格著，王路选译．费雷格哲学论著选辑［M］．北京：商务印书馆，1994．

格尔兹著，韩莉译．文化的解释［M］．南京：译林出版社，1999．

格尔兹著，王海龙、张家瑄译．地方性知识：阐释人类学论文集［M］．北京：中央编译出版社，2000．

高圣兵、刘莺．"格义"：思想杂合之途［J］．外语研究，2006（4）．

辜正坤．外来术语翻译与中国学术问题［J］．中国翻译，1998（6）．

郭沫若．关于翻译标准问题［A］，见罗新璋编．翻译论集［C］．北京：商务印书馆，1984．

海德格尔著，孙周兴编．海德格尔全集［M］．上海：生活·读书·新知 上海三联书店，1996．

海德格尔著，陈嘉映译．存在与时间［M］．北京：生活·读书·新知 三联书店，1987．

韩陈其．尔雅名义考论新说：尔雅＝名义［J］．辞书研究，2008（6）．

韩江洪．严复翻译中的误读［J］．解放军外国语学院学报，2008（1）．

韩子满．排斥、误读与改造——论当前西方译论学习中存在的问题［J］．四川外语学院学报，2005（5）．

何匡．论翻译标准［A］，见罗新璋编．翻译论集［C］．北京：商务印书馆，1984．

何卫平．概念史的分析：伽达默尔解释学的方法与实践［J］．中州学刊，2007（2）．

何锡蓉．从"格义"方法看印度佛学与中国哲学的早期结合［J］．上海社会科学院学术季刊，1998（1）．

贺爱军、范谊．翻译话语演变与重铸［J］．外语教学，2008（6）．

贺显斌. 韦努蒂翻译理论在中国的误读 [J]. 外语教学, 2008 (5).

洪堡特 W. V. 著, 姚小平译. 论人类语言结构的差异及其对人类精神发展的影响 [M]. 北京: 商务印书馆, 2002.

洪汉鼎. 诠释学——它的历史和当代发展 [M]. 北京: 人民出版社, 2001.

洪汉鼎. 西方诠释学的定位及伽达默尔诠释学本质特征 [J]. 中国思想史研究通讯第二辑, 2007.

侯国金. 语言学术语翻译的系统—可辨性原则——兼评姜望琪 [J]. 上海翻译, 2009 (2).

侯外庐. 中国思想通史卷 4 [M]. 人民出版社.

胡翠娥、杨卉. 试论中西语境下的"翻译的政治"研究 [J]. 中国翻译, 2009 (2).

胡显耀. 批判的眼光看西方议论——凯伊·道勒拉普访谈 [J]. 外语学刊, 2005 (4).

胡伟希. "格义"与"会通": 论严复的诠释学 [J]. 学术学刊, 2002 (11).

黄龙. 翻译的神韵观 [A], 见杨自俭、刘学云编. 翻译论集 [C]. 武汉: 湖北教育出版社, 1994.

黄药眠. 翻译外国文学作品浅见 [N]. 人民日报, 1983 年 2 月 22 日.

黄忠廉. 变译理论: 一种全新的翻译理论 [J]. 国外外语教学, 2002 (1).

黄忠廉. 汉语语言变异及探因 [J]. 外语与外语教学, 2005 (7).

[梁] 慧皎. 高僧传. 北京: 中华书局, 1992.

霍尔, 斯图亚特. 表征: 文化表象与意指实践 [M]. 北京: 商务印书馆, 2003.

伽达默尔著, 洪汉鼎、夏镇平译. 作为哲学的概念史 [A], 见伽达默尔著, 洪汉鼎译. 诠释学 II: 真理与方法——补充与索引 [M]. 台北: 时报文化出版企业有限公司, 1995.

伽达默尔著, 洪汉鼎译. 真理与方法——哲学解释学的基本特征 [M]. 上海: 上海译文出版社, 1999.

H－G 伽达默尔著, 刘乃银译, 严平编. 伽达默尔集 [M]. 上海: 上海远东出版社, 2003.

金堤. 等效翻译探索 [M]. 北京: 中国对外翻译出版公司, 1984.

康宁. 浅析当代西方翻译学术语及其向中国译学研究的引入 [J]. 青岛科技大学学报 (社会科学版), 2006 (1).

孔颖达、王德昭、齐威 (唐). 毛诗正义 [EB/OL]. 2011. http: //www.xiexingcun.com/shisanjing/cmydoc023.htm.

劳陇. "雅"义新释 [J]. 中国翻译, 1998 (10).

李河．巴别塔的重建与解构：解释学视野中的翻译问题［M］．昆明：云南大学出版社，2005.

李林波．中国传统译论研究的后顾与前瞻［J］．上海翻译，2006（1）．

李龙泉．解构主义翻译观之借鉴与批判［D］．上海外国语大学博士论文，2007.

李培恩．论翻译［A］，见中国译协《翻译通讯》编辑部编．翻译研究论文集［C］．北京：外语教学与研究出版社，1984.

李清良．中国阐释学［M］．长沙：湖南师范大学出版社，2001.

李田心．谈奈达翻译理论中几个基本概念词的误读和误译［J］．上海翻译，2004（4）．

李文革．语用合一 意境再现"化境"的符号学途径阐释［J］．外语教学，2003（1）．

李运兴．论翻译语境［J］．中国翻译，2007（2）．

粟长江．译学术语规范初探［J］．术语标准化与信息技术，2003（1）．

林从一．戴维森诠释理论的发展—慈善原则的作用与证成［J］，2003．http：//www. scu. edu. tw/philos/index/download/doc/920416a. doc.

林琳．亚里士多德《修辞学》术语翻译研究——兼两个中译本的对比分析［D］．福建师范大学硕士论文，2007.

林克难．为翻译术语正名［J］．中国翻译，2001（1）．

梁爱林．论术语学理论与翻译的一些相关问题［J］．科技术语研究，2003（3）．

梁爱林．论国外术语学研究的新趋向［J］．外语学刊，2006（3）．

梁启超．饮冰室合集［M］第2册．北京：中华书局，1989.

梁晓声．译之美［A］，见作家谈译文［C］．上海：上海译文出版社，1997.

廖七一．当代英国翻译理论［M］．武汉：湖北教育出版社，2001.

刘骥翔．澄清解构主义翻译思想在中国语境下的相关误读［J］．成都大学学报，2009（2）．

刘宓庆．翻译的风格论［A］，见杨自俭、刘学云编．翻译论集［C］．湖北教育出版社，1994.

刘宓庆．翻译与语言哲学［M］．北京：中国对外翻译出版公司，2001.

刘期家．论"信达雅"的历史发展轨迹［J］．四川外语学院学报，2000.

刘全福．关于"误读"的反思——兼评培根《论美》一文的翻译［J］．外语教学，2006（6）．

刘笑敢．"反向格义"与中国哲学研究的困境——以老子之道的诠释为例［J］．南京大学学报，2006（2）．

刘笑敢．反向格义与中国哲学方法论反思［J］．哲学研究，2006（4）．

刘亚猛. 风物常宜放眼量: 西方学术文化与中西学术翻译 [J]. 中国翻译, 2004 (6).

刘振宁. "格义": 唐代景教的传教方略——兼论景教的"格义"态势 [J]. 贵州大学学报 (社会科学版), 2007 (5).

刘重德. 浑金璞玉集 [M]. 北京: 中国对外翻译出版公司, 1994.

吕晨. 引进、研究、借鉴与创新——从奈达翻译理论在中国的传播和接受看如何正确对待西方翻译理论 [D]. 天津外国语学院硕士论文, 2004.

吕俊. 何为建构主义翻译学 [J]. 外语与外语教学, 2005 (12).

吕微, 语音对文字的颠覆. www. Ie/css. cn/news.

G. 隆多著. 术语学概论 [M]. 北京: 科学出版社, 1985.

罗新璋. 翻译论集 [C]. 北京: 商务印书馆, 1984.

罗选民、李学宁. "雅"之争·"雅"与"信"·"雅"的功能 [J]. 福建外语. 1998 (3).

马祖毅. 中国翻译简史 [M]. 北京: 中国对外翻译出版公司, 1998.

茅盾. 茅盾译文选集 [M]. 上海: 上海译文出版社, 1980.

钱穆. 中国文化史论 [M]. 北京: 商务印书馆, 2004.

钱钟书. 管锥篇 [M]. 北京: 中华书局, 1979.

全如诚. 今后的术语工作——联系加拿大编写《术语大词典》的经验 [J]. 术语标准化与信息技术, 2005 (4).

任继愈. 中国佛教史第一卷 [M]. 中国社会科学出版社, 1981.

萨义德, 爱德华·W. 东方学 [M]. 北京: 生活·读书·新知 三联书店, 1999.

[梁] 僧祐. 出三藏记集. 北京: 中华书局, 1995.

单志刚. 翻译的哲学方面 [M]. 北京: 中国社会科学出版社, 2007.

邵璐. 评误读论者之误读——与李田心先生谈 Nida "翻译理论中几个基本概念词"的理解和翻译 [J]. 外国语言文学, 2006 (4).

邵璐. 误译 无意 故意 [J]. 外语研究, 2007 (2).

石永浩、孙迎春. 中国传统译论的现代阐释与现代转化 [J]. 北京航空航天大学学报 (社会科学版), 2007 (4).

Spivac, Gayatr. 翻译的政治 [A], 见许宝强 袁伟选编. 语言与翻译的政治 [C]. 北京: 中央编译出版社, 2001.

苏艳. 中国传统译论中的社会维度——梁启超《论译书》的现代阐释 [J]. 解放军外国语学院学报, 2008 (3).

孙迎春. 张谷若翻译艺术研究 [M]. 中国对外翻译出版公司, 2004.

孙致礼. 新编英汉翻译教程 [M]. 上海: 上海外语教育出版社, 2003.

孙志祥．国内翻译的意识形态维度研究回顾与展望［J］．上海翻译，2009（2）．

索绪尔著，高名凯译．普通语言学教程［M］．北京：商务印书馆，1997．

谭载喜．西方翻译简史［M］．北京：商务印书馆，2004．

汤用彤．论格义——最早一种融合印度佛教和中国思想的方法［A］．理学·佛学·玄学［M］．北京：北京大学出版社，1991．

屠国元、肖锦银．西方现代译论在中国：影响与贡献［J］．长沙铁道学院（社科版），2000（1）．

王斌．密母与翻译［J］．外语研究，2004（3）．

王东风．翻译中"雅"的美学思辩［J］．现代外语，1996（1）．

王东风．译学关键词：abusive fidelity［J］．外国语，2008（4）．

王东风．连贯与翻译［M］．上海外语教育出版社，2009．

王海龙．导读一：对阐释人类学的阐释［A］，见克利福德·格尔兹著，王海龙、张家瑄译．地方性知识［M］．北京：中央编译出版社，2004．

王洪涛．中国传统译论基本理念的嬗变与衍化——马健忠"善译"理论之现代诠释［J］．外语学刊，2005（1）．

王宏印．中国传统译论经典诠释——从道安到傅雷［M］．武汉：湖北教育出版社，2003．

王宏志．翻译与创作——中国近代翻译小说论［M］．北京：北京大学出版社，2000．

王宏志．重释"信、达、雅"——20世纪中国翻译研究［M］．清华大学出版社，2007．

王金波．谈国内翻译研究中的译名问题［J］．中国翻译，2003（5）．

汪静．重新认识"信、达、雅"翻译标准［J］．天津外国语学院学报，2003（4）．

王克非．翻译文化史论［M］．上海：上海外语教育出版社，1997．

王铭铭．格尔兹的解释人类学［J］．教学与研究，1999（4）．

王宁．误读与文学经典的修正和重构——哈罗德·布鲁姆的"修正主义"批评理论再探［J］．文艺理论研究，2008（2）．

王晓冉．格义定义及分期研究［D］．山东大学硕士生毕业论文，2009．

王毅．澄清"误读"的迷雾［J］．当代文坛，2004（4）．

王永秋．几个口译术语翻译不统一的问题［J］．上海科技翻译，2001（4）．

王育伦．从"削鼻挖眼"到"异国情调"［A］，见罗新章编．翻译论集［C］．北京：商务印书馆，1984．

王佐良．严复的用心［A］，见翻译：思考与试笔［C］．北京：外语教学与研究出版社，1989．

魏向清．学术摹因的跨语际复制——试论术语翻译的文化特征与研究意义［J］．中国外语，2008（6）．

吴丽坤．论术语及术语系统之系统性［J］．科技术语研究，2005（2）．

吴丽坤．术语的理据性与术语模式［J］．解放军外国语学院学报，2005（2）．

吴丽坤．术语的意义［J］．术语标准化与信息技术，2007（2）．

吴献书．英文汉译的理论与实际（第四版）［M］．开明书店，1949．

吴哲．认知语言学视角下的术语的隐喻性解析［J］．中国俄语教学，2009（2）

夏智姣．创造性误读：一种解构主义翻译观［D］．湖南师范大学硕士论文，2007．

谢林平．形式逻辑简明教程［M］．华南理工大学出版社，1998．

徐复等．古代汉语大词典（辞海版）［Z］．上海：上海辞书出版社，2007．

徐守平、徐守勤．"雅"义小论——重读《天演论·译例言》［J］．中国翻译，1994（5）．

许宝强、袁伟选编．语言与翻译的政治［A］．北京：中央编译出版社，2001．

许钧、穆雷．中国翻译学研究30年［J］．外国语，2009（1）．

许渊冲．翻译的艺术［M］．中国对外翻译出版公司，1984．

许渊冲．诗经［M］．长沙：湖南出版社，1993．

亚里士多德著，吴寿彭译．形而上学［M］．北京：商务印书馆，1995．

亚里士多德著，方向春译．范畴篇 解释篇［M］．北京：商务印书馆，1986．

杨海文．中国哲学"学科"的身份问题［N］．中华读书报，2009年12月26日．

杨普习．Translationese：翻译体？翻译症？翻译腔？［J］．中国科技术语，2009（3）．

杨秋红．试探翻译中的注释——《格列佛游记》不同译本的个案研究［D］．中国海洋大学硕士论文，2009．

杨全红．化境："理想"耶？"标准"耶？［J］．四川外语学院学报，2008（1）．

杨宪益、戴乃迭．诗经：汉英对照［M］．北京：外文出版社，2001．

杨义．现代中国学术话语建构通论［J］．海南师范学院学报（社会科学版），2005（3/4/5）．

杨自俭．加强译学术语研究势在必行［J］．外语学刊，2004（3）．

杨自俭．中国传统译论的现代转化问题［J］．四川外语学院学报，2004（1）．

姚际恒．诗经通论·卷7［M］．香港：香港中华书局，1963．

尹衍桐．语境制约与国内的归化/异化论——西方译论在中国的个案分析［J］．外语研究，2005（2）．

余光中．余光中谈翻译［M］．北京：中国对外翻译出版公司，2000．

余冠英．诗经选［M］．北京：人民文学出版社，1978．

宇文所安（美）著，王柏华、陶庆梅译．中国文论：英译与评论［M］．上海：上海社会科学出版社，2003.

袁可嘉.罗兰·巴特《结构主义——一种活动》［J］.文艺理论研究，1980（2）.

袁可嘉.论译注和加注的原则［A］，见中国翻译工作者协会翻译通讯编辑部.翻译研究论文集［C］.北京：外语教学与研究出版社，1984.

袁履庄.翻译加注很有必要［J］.上海科技翻译，2004（3）.

乐黛云.文化差异与文化误读［J］.中国文化研究（夏之卷），1994.

曾振宇.响应西方：中国古代哲学概念在"反向格义"中的重构与意义迷失——以严复气论为中心的讨论［J］.文史哲，2009（4）.

张沉香.影响术语翻译的因素及其分析［J］.上海翻译，2006（3）.

张岱年.中国古典哲学概念范畴要论［M］.中国社会科学出版社，1989.

张德禄、刘汝山.语篇连贯与衔接理论的发展及应用［M］.上海：上海外语教育出版社，2003.

张京媛.新历史主义与文学批评［M］.北京：北京大学出版社，1993.

张南峰.以"忠实"为目标的应用翻译学——中国译论传统初探［J］.翻译学报，1998（2）.

张培基、李宗杰、喻云根、彭漠禹.英汉翻译教程［M］.上海：上海外语教育出版社，1980.

张舜清.对"格义"作为言"道"方式的反思［J］.学术论坛，2006（6）.

张思洁.中国传统译论范畴及其体系［M］.上海：上海译文出版社，2006.

章宜华.西方辞典释义类型和释义结构研究［J］.辞书研究，2001（1）.

章宜华.关于术语标准化的几点思考［J］.科技术语研究，2005（2）.

赵光武.哲学解释学的解释理论与复杂性探索［J］.北京大学学报（哲学社科科学版），2004（4）.

赵庆云.文学翻译作品中的注释问题浅析［J］.中国科技信息，2005（23）.

赵巍、薄振杰.关于传统译学术语系统［J］.上海翻译，2008（3）.

赵稀方.翻译与新时期话语实践［M］.北京：中国社会科学出版社，2003

郑述普.术语学的研究方法［J］.术语标准化与信息技术，2004（2）.

周领顺.新史料求证严复的翻译思想——从发展的角度看"信、达、雅的包容性和解释力［J］.四川外语学院学报，2006（3）.

周领顺."变译"之名与实——译者行为研究（其九）［J］.外语研究，2012（1）.

周煦良.翻译三论［A］，见罗新璋编.翻译论集［C］.北京：商务印书馆，1984.

周有光.文化传播和术语翻译［J］.外语教学，1992（3）.

朱建平."视域融合"对译作与原作关系的动态描述［J］.外语教学，2009（2）.

朱熹.诗集传［M］.上海：上海古籍出版社，1980.

后 记

选择术语作为研究对象，实是因为很多时候看到术语的使用和理解是那样让人困惑，困惑于同一个术语可以有这么多解释，这么多的意义，每每开会的时候很多学者都想一下子把术语的问题解决，尤其是看到中国译学术语中可以独挡一面的往往还是那么几个，所以想通过这样的研究可以为术语研究，为中国译学话语添砖加瓦而聊以慰藉。

在书稿完成的时候心里不由得产生如释重负、欣喜若狂的感觉，一方面是因为这个大工程终于完工了，另一方面我则感慨于这几年来撰写书稿的点点滴滴，这条道路是漫长而艰辛的，有一种从此岸到彼岸的感觉，到达彼岸后视野开阔，焕然一新，越来越了解世界，了解自我，途中的挥汗如雨，阻碍着进程的蜿蜒道路在此时看来都是不值一提的。

求真的过程痛并快乐着，因为孜孜不倦于那个为外人看来模糊、虚幻的东西，当然这个过程中有时非常欣慰于能得到同道中人的共鸣、鼓励和支持。

首先感谢我的导师杨晓荣老师，杨老师是我硕士时的导师，她是引领我进入翻译学学术殿堂的人，在我选题、定题和撰写的过程中都给了极大的支持和关心，她的谈话经常可以鞭辟入里，直捣黄龙。另外感谢杨老师能允许我去其他学校访学，这使我不仅在学术上把各门学科交融杂糅，同时也交到了很多朋友。

其次感谢博士访学期间的两位指导老师，王东风老师和柯平老师，王东风老师的博学和精辟的论点让我折服，同时也十分喜欢他的写作风格，感谢他在我访学期间与我交换观点，令我对这个选题抱有信心。柯平老师严谨的治学态度，严格的学术要求和标准，其对概念的清晰界定，从他那里我更加地对概念问题不敢疏忽。同时感谢学院里授过课的老师，一日之师都难以忘却。

感谢我的家人，妈妈一直是站在我的身后，激励和督促我尽快完成学业的人，同时她也是第一个鼓励我继续学业，攻读博士的人。而我的小儿子，因为学业的要求，不能经常相伴，尤其是在中山大学访学期间。他还总是那么懂事，经常问我写了多少字了。听到他的声音，我心里产生无限的不舍。感谢我的爱人，是他为我分担了很多，感谢所有在此过程中给我提供了帮助的人！即使微不足道，也心怀感激。